海舟語録

勝　海舟

講談社学術文庫

原本まえがき

これは、まったく新しい観点から編集した勝海舟の『語録』である。かつて巌本善治が編纂した『海舟餘波』、『海舟座談』に収められている談話を、あたう限り初出に遡って検討し、配列をあらため、かつ適切な注を点した。時代を超えて語りかけて来る海舟の叡智は、かくして歴史のなかにも正しく位置づけられるようになったのである。

一九七五年七月二十四日

江藤　淳

目次

原本まえがき……江藤　淳……3
凡　例……10
明治二十八年七月
道について　13
機は感ずべきもの　16
経済のこと　19
古人先哲　21
明治二十九年九月十七日
外債はよくない　25
勝家の財産　27
西郷と島津久光　29
明治二十九年十月十七日
第二次松方内閣　31
人はさまざま　33
日清戦争　34
東洋の平和　36
明治二十九年十月二十一日
肥前人と土佐人　39

順聖公　42
国家問題　43
政治の大小　45
明治二十九年十一月三日
同志社　47
一家の会計と天下の計　48
天下の事情がわかる　50
明治二十九年十二月七日
旗本の生態　52
宮内大臣問題　55
明治三十年三月十日
金貨本位　56
金と米　57
明治三十年三月十六日
徳川家と勝家　59
西郷の七年忌と遺児たち　61
維新後の外交や廃藩のこと　64
明治三十年三月二十七日
足尾鉱毒事件　68
徳川初期の重臣たち　70
東照宮のことなど　72
難局と人の性　75
西郷の東征のとき　76
華族の手元　78
江戸の顔役たち　80
明治三十年四月二十二日
サンフランシスコの風紀　82
栗本と小栗　84
親仏派　86
幕末外交の後始末　88
将軍東帰　90

明治三十年七月七日
西　京　93
徳川時代　95
徳富蘇峰　98
大機会を誤まる　99
明治三十年七月十五日
幕末の学者　102
学者の生きかた　104
幕末の賢公　106
長崎海軍伝習　109
江戸と長崎　112
四国連合艦隊　115
機勢の変転　117
明治三十年九月十日
景気の善悪　122
紀州徳川家　123
明治三十年九月　日不詳
つぶれた金持　127
肥後藩三人組　128
反政府派の登用　132
明治三十年九月三十日
正金のあつかひ　135
支那の経済は大きい　137
中島雄　139
明治三十年十月六日
ロシアのシベリア進出　142
金谷の茶園　144
一翁と鉄舟　147
明治三十年十月十五日
断　片　151
明治三十年十月二十九日

深草の元政　153
徳川の家来の風　155
明治三十年十一月十日
「支那人」　158
明治三十一年一月二十九日
内閣の更迭　162
郡県と封建　163
小作米を貯へる　165
明治三十一年二月十六日
フランスから借金　167
長州戦争　169
山階宮　171
明治天皇　173
徳川慶喜　175
三　位　178
明治三十一年三月十四日
慶喜の参内　180
奠都三十年祭　182
明治三十一年四月二十五日
三万円できた　184
洗足軒　185
明治三十一年六月四日
小楠三十年祭　189
明治三十一年六月十九日
新島襄　191
肥後人　193
民党の合同　194
明治三十一年六月三十日
和漢西洋の書物　197
青年と老年　199

文明の流儀 200
耶蘇教の事 202
一人も同志はないよ 204
枢密顧問官 207
明治三十一年十月七日
徳川の経済 210
物には弊がある 212
道楽にしなさい 214
明治三十一年十月二十三日
金の溜めかたと使ひかた 216
維新前後の人物 219
近頃の人物 222
明治三十一年十一月六日
藩閥のコワれるのだもの 226
明治政府の末路 228
明治三十一年十一月十日
薩摩と会津 230
長州との講和談判 233
徳川家の財産 235
天璋院 237
和宮と天璋院 240
家禄を浮かす 244
明治三十一年十一月三十日
第二次山県内閣 247
憲政党 248
海軍卿のとき 250
久光呼出しと西郷 252
五十年、政治で食つてゐる 254
忠義の士が国をつぶす 256
公私相半ばすれば 259

明治三十一年十二月二十日
女郎のこと　261
明治三十二年一月二日
康有為　263
藩閥を自然に解消させる　265
西郷さんのお祭　266
人を見抜く法　268
鉱毒のこと　271
時勢の変りと人間の値打　273
明治三十二年一月十四日
最終訪問の記　275
解　題……松浦　玲……278
学術文庫版あとがき……松浦　玲……297

凡例

一、『海舟語録』は、巌本善治の手になる海舟談話筆記録を、勝海舟全集刊行会が校訂取捨し再構成したものである。

一、この文庫本では、右の講談社版勝海舟全集第二十巻の『海舟語録』を、文庫向きに編集しなおした。

一、すなわち、全談話が日付別、日付順となっているその各日付分談話を更に細分して見出しをつけ、注記も一段とわかりやすくした。

一、談話本文は、歴史的かなづかいに揃えたが、カタカナの部分は巌本が書いていたとおりにした。これは全集本と同じである。

一、本書のなりたち、校訂、注記の特色につき、詳しくは巻末の解題を参照していただきたい。

海舟語録

明治二十八年七月

「類焼前、吾が日本宗教に公表せし者に係る」と巌本善治が注記している。巌本は、明治二十年ごろから勝邸に出入りして海舟の談話を筆記したが、二十九年二月の火事で、それ以前の筆記録を失ってしまった。これは、たまたま雑誌『日本宗教』に発表していたので、その分だけ談話の内容が残ったわけである。巌本の伝えた「語録」のうち、最も早い時期のものとなった。

二十八年七月といえば、この年の四月に、日清戦争の講和条約が、日本側は伊藤博文と陸奥宗光、清国側は李鴻章《りこうしょう》をそれぞれの全権として調印され、続いて五月、日本政府は、三国干渉によって、遼東半島の放棄決定を余儀なくされた、そのすぐあとの時期である。戦争の直接原因であった朝鮮問題は、ロシアの介在によって、一段とむつかしくなっていた。談話中に、伊藤や李鴻章への批評があるのは、この時事的背景による。さらに、鎌倉幕府北条氏の政治への批評中に、「軍事公債」とか「総理が自分で……」等の語がみえるのも、同じふくみをもっている。海舟は、このとき枢密顧問官。

道について

——今日は、「道」とする所を伺ひたいものです。

主義だの、道だのといつて、ただこればかりだと、きめることは、私はごく嫌ひです。道といつても大道もあり、小道もあり、上に上があります。その一つを取つて、他を排斥するといふことは、不断から決してしません。人が来て、色々やかましく言ひますと、『さういふこともあらうかナ』と言つて置いて、争はない。そしてあとでよく〳〵考へて、色々に比較して見ると、上に上があると思つて、まことに愉快です。研究といふものは、死んで初めて止《や》むもので、それまでは、苦学です。一日でもやめるといふことはありません。

マア、私などは、ヅルイ奴《ヤツ》といふのでせうよ。然し、サウ急いでも仕方がない、寝ころんで待つのが第一だと思つてます。西洋人の気長いのには、実に感心です。伊藤サンの外交のやうに、巧みなのか、成功か、不成功がぢきにわかるのは、余り感心しない。李鴻章の今度の処置などは、馬鹿なのか、少しもその結果のわからないのには、大いに驚いてますよ。これまでの長い経験では、大抵、日本人の目に大馬鹿でなければ、大変、上手なのでせう。これまでの長い経験では、大抵、日本人の目に大馬鹿と見えるのがエライやうです。

西郷ナドも、本当に考へを言つて、相手にする人が少なくて、まことにさびしかつたやうです。私などでも、奸物《かんぶつ》だと言はれて、しばしば殺されかけた。山岡や、一翁位には、後には少しわかつたやうです。二人とも、熱する方で、切迫するものだから、早く死んでしまつた。私だけは、ヅルイものだから、かう長生してるよ。

——外からの慰めといふものは何で御座いました。

家内だつて、娘だつて、みンな不平サ。誰でも、私に賛成の人はなかつた。然し、此《こ》の上に道があると思ひ出しては、如何《いか》にも面白かつたよ。又、中途で殺されて、代るものがあらうかといふことに屈托したこともあつたが、ナニ、それは宜《よろ》しい、ただ行《おこな》ふべきだけを行へば善い、自分で身を殺すやうなことさへなければ宜しいとキメて安心してましたよ。

人を集めて党を作るといふことは、一つの私ではないかといふことは、早くから疑つて居ました。人間は、みなそれぞれの長所があるから、信ずる所を十分に行へば善いのだ。世の中は広いから、酒屋でも、餅屋でも、高利貸でも、一の借屋に住まはせて善い。それで治《おさま》つてゆくものがあると思つて居た。機会と、着手、の二つさへ誤らねば、みンな放任して置いて善いのだ。

注　伊藤と李鴻章については前述したが、なお補足すれば、伊藤はこのとき総理大臣（第二次伊藤内閣）。李は下関講和条約のあと、敗戦の責任を問われて、直隷総督兼北洋大臣を罷免されるが、実力は保持し続ける。

西郷はもちろん大西郷、南洲＝隆盛。山岡は鉄舟《てつしゅう》。一翁は、旧幕府の大目付や若年寄、明治後に東京府知事などをつとめた大久保忠寛。

なお、談話中に過去の会話が直接話法で出てくる場合、海舟の発言は『　』に入れ、他の人の発言は「　」と区別した。以下すべて同様。

機は感ずべきもの

――機といふものは、言ふべきことでもないでせうが、これを悟るに付ての用意は。

機は感ずべきもので、言ふことの出来ず、伝達することの出来んものです。かねて、小楠《しようなん》の事を尾州《びしゆう》の村田から聞いて居たから、長崎で初めて会つて感服したから、しばしばその説を聞いたが、いつでも、サウ伝言してよこしました。「よく勝サンにさう言つて下さい、今日はかう思ふが、明日の事はわかりません」テ。それで、いよ〳〵感服したよ。

小楠は、太鼓もちの親方のやうな人で、何を言ふやら、取りとめたことが無かつた。維新の時に、大久保でさへ、さう言つてました。「小楠を呼んで見たが、存外だ」と。大抵の人にはわからなかつた。然しエラクわかつた人で、途方もない聰明でした。アメリカから帰つた時、色々向ふの事を話すと、一を聞いて十を悟るといふ塩梅《あんばい》だ。「ハ、ア、尭舜《ぎようしゆん》の政治《おこな》ですナ」と言つたよ。西郷は無口《むくち》だし、小楠はよく弁じたよ。それで、小楠の説を西郷が行つたらばと思つて、幕府に薦《すす》めた所が、その頃、西郷は島に流されるし、小楠は、無腰で、茶屋から逃げて、藩で閉門をくつてる時で、勝は途方もないこと言ふといふことで、叱られたよ。

――小楠先生が、春嶽《しゆんがく》公に用ゐられた時、もツと行ふことは出来なかつたものですか。

とても、行はれない。

——西郷先生は、小楠先生にお会ひなさらなかつたですか。

会ひません。又、説く必要もなかつたらうよ。小楠は、毎日、芸者をあげて遊んで、幇間《タイコモチ》などと一日話してる。人に会ふのでも、一日に一人二人にあふと、モウ疲れたなどと言つて会はない。然し、植木屋だの、肴屋《さかな》などと、一日話して倦《う》ませなかつたが、春嶽公の時でも、内閣に出ても、一々政治を議するなどは、煩はしいといつてしなかつたらうよ。だから、善い弟子もない。どうせ、覚られる人ぢやなかつたよ。

——小楠先生は、天稟《てんぴん》が多いやうに思ひますが、然し随分鍛練なすつたのですか。

どうして、それは、大へん、したもので、方々廻つた時の事やら、色々話があつたよ。

——胆力は、有つた方ですか。

あれだけ、智慧があつて、胆力があつてどうするエ。斉彬《なりあきら》は、エライ人だつた。西郷の事は、安政の頃に、聞きました。一度、お庭を一緒に歩いてる時に、二つの事の伝達があつた。人を用ゐることは急にしてはいけない。又、一事業といふものは、十年立たぬと、取りとめのつかぬものだツてネ。

どうだエ、私は、形を以《もつ》て言ひますから。

注　小楠は、肥後藩出身の儒学者横井小楠。「尾州《びしゆう》の村田」は正しくは「越前《えちぜん》の村田」で越前福井藩の村田巳三郎氏寿《うじひさ》である。いったんは『女学雑誌』掲載分で「村田」と踏込み真相に近づいた厳本だが、藩名

(国名)を聞違えたままであるため尾張で適切な「村田」にたどりつくことができず『海舟余波』や『海舟座談』では「尾州の男」と後退してしまった。海舟は海軍伝習で長崎に滞在しているときに、訪れた越前福井藩の村田氏寿から小楠のことを聞いたのである。村田は小楠を福井へ招聘する準備で安政四年に九州へ渡った。

長崎で小楠に初めて会ったというのは海舟の記憶違いで、初対面は後述するように文久元年の江戸である。アメリカの話もこのときにした。

巌本が「――小楠先生が、春嶽公に用ゐられた時、もツと行ふことはできなかつたものですか」と尋ねるのは、文久二年に春嶽が幕府の政事総裁職になったときのことを指すのであろう。小楠は招聘されて安政五年に越前福井に赴くのだが、ちょうど安政大獄で春嶽は隠居させられて江戸に謹慎した。小楠は新藩主(養嗣子)を助けて領民の商品生産を助成する積極的な富国策をとり、大きな成果をあげた。文久元年には、その成果を手土産に江戸へ出て、幕府の警戒が少し弛んだ春嶽に会い、海舟ともここで初対面という次第だった。翌文久二年、謹慎完全解除と幕政参与に続いて大老を勤めてくれとの交渉を受けた春嶽は、休暇帰郷から福井に帰任する途中の小楠を江戸に呼び、大老の呼称を避けて新設の政事総裁職に就任する。

「とても、行はれない」という海舟の返事は簡単過ぎて誤解を与えるだろう。文久二年閏《うるう》八月の参覲交代制を事実上廃止する大改革は、春嶽と小楠により強行された。小楠の思想が幕府を動かしたのである。しかし小楠本来の構想から見れば実現したのはごく一部で、春嶽は翌文久三年三月京都で辞任する。小楠はそれに先立って江戸で「無腰で、茶屋から逃げて」と海舟が語っている事件を引き起す。正確には肥後藩士の寓居で宴会中に、刺客に切り込まれたのである。手許に刀が無かった小楠は福井藩邸まで取りに走り、戻って来たのは刺客が去ったあとだった。士道忘却の非難をあびせられた小楠はいったん福井に保護されるが、熊本に戻ると士籍剝奪の処分を受けた。

その小楠が「維新の時に」京都へ呼ばれて参与に就任する。「存外だ」と評した（と海舟が話す）のは、新政権の中枢にいた薩摩の大久保利通である。小楠は維新政権の開明的側面を嫌う浪士団により明治二年正月の京都で暗殺された。

「エライ人だつた」と海舟が言う斉彬のことは明治二十九年十月二十一日に改めて詳しく出る（「順聖公」という小見出しを付した）。そこでも語られるが海舟は安政五年鹿児島に行き、急死直前の島津斉彬と久闊を叙した。

経済のこと

――先生が、自《みずか》ら許して居らつしやる事は何ですか。

先づ、経済だ。徳川の経済は、カウ〳〵いふ風にしました。随分、骨を折つたよ。天下の富を以てして、天下の経済に困るといふことはないといふのが、コツチの落付《おちつき》だ。昔の人も、皆、経済には苦労しました。信長は、経済の着眼が善かつたので、アレだけになつた。信玄でも、甲州の砂金をソツト掘出したり、色々な法を立てた。南朝でさへ、北朝に細川頼之《よりゆき》といふ経済家があつて敗られた。芭蕉などもなかなかの経済家で、近江《おうみ》の商人は、みなその遺法によつてるのだ。

感心なのが、北条氏だ。元寇《げんこう》三年につゞいても、軍事公債は募らなかつたよ。総理が自分で走り廻りはすまいぢやアないか。九州の探題に防がせて綽《しやく》々《しやく》として余裕があつたよ。泰時でも、単騎でかけてゆくと、三日にして十万騎を得たといふぢやアないか。その頃の兵站《へいたん》は、羨ましいほどに調《ととの》つて居たのだ。陪臣、政を執り乍《なが》ら、九代の治を致して、民も富み、武臣人民 悉《ことごと》く服したぢやアないか。それで、自分は僅かの旧北条領を持つて居て、位は五位の下だらう。倹約で、盛んになつて、奢《おご》りでつぶれたのだ。

北条氏が、仏法に帰依《きえ》したといつても、たゞ禅に凝つたのではないよ。矢張り経済の為《ため》だあネ。宋が亡びて元の起る時だからネ、宋の名僧を呼んで、五山を開いたよ。それで、電光影裏に春風を截《き》るの無学《むがく》まで、渡つて来たよ。そこで、宋のやつが続々渡つて来る、参詣人も絶えない、信仰に事よせて来るものもある。銭は大そう渡つて来たよ。何処を掘つても、宋元通宝《そうげんつうほう》の余計に出るのを御覧ナ。信仰といつてもその為サ。

——真の信仰が篤《あつ》くて、それが事業に現れたといふものでありませう。

ソレガ利用といふものサ。だから、北条氏は、天下の子民といふことが一番で、それはひどく憂へたものだ。栂尾《とがのお》の明慧《みようえ》が、或時《あるとき》、泰時に帝室の事に付て忠告すると、泰時の言ふには、まことに恐れ多いことではありますが、先父もしばしば申して居ました。民百姓の事を思へば、やむをえず、かやうの事もせねばなりません、致し方が無いと申して居りましたと、言つたさうな。此《コ》の方《ハウ》も幕府の末に、果して北条氏だけの決心があるかと自分で問うてみたが、とても出来ないよ。驚くべき決心ぢやアないか。それに無学文盲で、勅文《ちよくぶん》すら読むことが出来なかつたよ。ソレで、学者といふものゝ役に立たんことは、維新前からよく〳〵実験したよ。アンな学問は、造作《ぞうさ》もないことで、至つて容易だよ。

注　織田信長や武田信玄、また松尾芭蕉については、フルネームを示すだけで十分だろう。細川頼之は、足利政権下の有力守護で、管領もつとめた。北条泰時が「単騎でかけてゆくと、三日にして十万騎を得た」というのは承久の変のときの話。

無学は、鎌倉の円覚寺の開山となった無学祖元で、有名な「電光影裏に春風を斬《き》る」という偈《げ》は、来日前にモンゴル軍に捕えられて殺されかけたときのもの。この時期に渡来した禅僧には、建長寺開山の蘭渓道隆などがある。海舟の北条氏への評価が高いのは、注目に価しよう。泰時に反論された明慧は、高山寺開山。

「此《コ》の方《ハウ》」は、海舟の一人称で、「ワシ」「己」「ヲレ」などと並んで、しきりに使われる。

古人先哲

——二宮金次郎先生は、御承知でしたか。

一度会つたツけ。至つて正直な人でした。あのやうな時には、あゝいふ人がよく出るものです。何人か、人をやつたツけ。あゝいふ人に行つて聞けツテ。時勢で人が出来て、逆境が又よく人をこさへるといふことは、事実を私は確かに見ました。

私の所には、幇間《タイコモチ》や、遊び人や、芸人が多く来ます。芸人などは、無心で、熟練して、それぞれ自得してるから、面白いよ。それで、自分には知らないのだから、コッチが説明してやると、ひどくビックリして、烱眼《けいがん》のやうに思ふよ。

この頃の人は、自分でエラがつて、議論ばかしゝて、うるさいから、理窟を書いたものを見ると癇癪《かんしゃく》にさはる。それで、人情本や、古人の書いたものをヒマ〳〵に見てます。

コンなものを書きました。

先哲の書を見る詞《ことば》

元和《げんな》偃武《えんぶ》以来国内の趨勢《すうせい》漸《ようや》く文化に向ひ、豪傑英俊の士等文学に従事す。元禄前後に到りて、殊に傑出の輩《やから》少なからず。或《あるい》は経綸《けいりん》の才識を具備せし者、或は高踏超凡なる者、或は往昔《おうせき》の古調を修むる者、或は印度《いんど》の古義を明解する者、其の他皆不撓《ふとう》の精神を以《もっ》て、其の道を自得し、有為《ゆうい》の学者たるに不恥《はじず》、我が殊に賞賛する数輩《すはい》、今にして其の人見るべからずといへども、其の手沢《しゅたく》の存する者を以て、幽鬱無聊《ゆううつぶりょう》の時に於て、展覧、古人の境遇如何《いかん》を追懐《ついかい》すれば、不言の中、胸懐《きょうかい》の快然たるを覚ゆる也

惺窩《せいか》　道春　丈山《じょうざん》（これは人物だ）　仁斎　徂徠《そらい》（先づ実行家は、徂徠、里恭、白石だネ）

順庵（善い弟子を多く出したよ）　里恭　了介（これも人物だ）
広沢（書に隠れたから人が知らない）　鳩巣《きゆうそう》　高玄岱《こうげんたい》（仁斎に、鳩巣、高岱、みな人物だ）
高遊外　芭蕉　元政《げんせい》　大雅堂　蕪村　益軒　東湖　素行（これは山師だがネ）　藤樹《とうじゆ》
白隠（僧侶ではどうしてもこれだ）　近頃では崋山《かざん》（これはなかなかの人物だつた）　南洲
甲東《こうとう》　象山《ぞうざん》（学者で、事業は出来ない）　孝允《こういん》　小楠　山陽　斉彬　まだ二人ほどあるつもりだ。

注　二宮尊徳が安政三年に七十歳で死んだとき、海舟は三十四歳だった。
「先哲の書を見る詞」のあとに列挙してある人名のうち姓がないとわかりにくいものを補うと、道春—林道春＝羅山、丈山—石川丈山、里恭—柳里恭、了介—熊沢了介＝蕃山、鳩巣—室鳩巣、甲東—大久保甲東＝利通。ここは、列記してあるだけなので、個々の人物についての注は省くが、元政については、三十年十月二十九日付談話参照。

明治二十九年九月十七日

前回の談話から一年余を経過している。そうして、この八月二十八日には、日清戦争後も引き続いて政局を担当してきた第二次伊藤博文内閣が崩壊していた。伊藤は、二十八年十一月に自由党と提携、二十九年四月に板垣退助を内務大臣として入閣させ、こんどは旧改進党系の大隈重信を外務に、また意見不一致で閣外に去っていた松方正義を再び大蔵にと交渉していたが、大隈の入閣に板垣が反対、大隈が入らないのならおれも嫌だと松方が拒否したため、難局乗り切りの自信を失って辞表を提出したのである。外交と並んで軍事費の重圧による財政難が大問題であった。伊藤の辞職後、枢密院議長だった黒田清隆が臨時に首相を兼ねて次期内閣の創出につとめ、この談話の翌日つまり九月十八日に松方が首相に任命されている。

巌本は、「松方内閣組織大難の時」と注記し、さらに、問答を掲げる前に次のような説明を入れている。

時に先生、松方正義伯に送られたる書文の写しを見《しめ》さる。一は十日発、二は本日発の附記あり。十日発のものは簡単にして、伯が難路に立たんとするの困苦に同情を表し、且《かつ》古歌一首を添ゆ、

君ををきてあだし心を吾もたば
　末の松山なみもこさなん

本日発のものは、滔々《とうとう》千余言あり、大意、閥末を幕末に比し、今の要は、後の俊才を撰抜して、之《これ》に政事を譲渡するにあり、此《こ》の大方針を以《もつ》て、今後二三年要路に立ち、大公至誠の識量を以て終を克《よ》くすれば足れりとするにあり。而して、極末に、『外債を募つて、今の経済難を救はんとするものあらんか。之《こ》れ、大奸物の処置なり』と、短句喝破《かつぱ》しあり。さながら径《みち》絶えて断岸万丈の心地せり。

なお、以下の会話中の（　）内の小さい字は、巌本の注記である。

外債はよくない

——外債を募るのが奸物《かんぶつ》といふは、ドウいふ訳《わけ》でありますか。

どうして、それを返すつもりだエ。還せるかエ。支那《しな》などは国が違ふよ。李鴻章なら、ドシドシ借りて国を開くのも善いさ。コチラは、国体が違ふヨ。もし国でも割《さ》かねばならんとなつたらドウするエ。天子《てんし》が御自身で仰《おお》せ出されても、お止め申さなければならないヨ、それにコツチから申上げるといふものがあるかエ。いまに御覧、キツトそんな論が出るから、今から奸物だと言つて置くのさ。幕府の末でも、さういふ論があつた。『ドウしても、いけませんツ』と言つて、一生懸命で防いだ。徳川の時は、たうとうその疵《きず》はつけなかつたよ。

——天領は、次第に増減したのですか。又は幕府の始《はじめ》からほゞ定まつて居たのですか。

多少の増減はあつたが、もと幕府以前から伝はつたものサ。幕府の政治を見て、これが徳川氏の計画だといふから間違ふ。ミナ織田、武田、足利、豊臣等の遺法で、則《すなわ》ち日本の政治なんだ。王政復古といひ乍《なが》ら、今の王命を以て古の王法を破らんとする、なんたる愚だ。この辺の年貢《ねんぐ》は二分、これ足利氏の定め。甲州は四分、これは武田氏の定めだ。

——家康に輔弼《ほひつ》の政治家がありましたか。

無い。たゞ一人本多がやゝ政治を知つて居ただけだ。

——家康が、万事を創始独裁したのですか。

勿論のことサ。彼は大将ぢやないか、太平時代の大将なら兎《と》に角《かく》、大将自ら断ぜずして、誰がするかい。


注「天子が御自身で仰せ出されても、お止め申さなければならないヨ」は、海舟没三十余年後に、巌本善治当人によって編集された岩波文庫『海舟座談』(一九三〇)では「天子親《みずか》ら……仰せ出さるるに及べば感泣して、已むを得ず、従奉するのみ」(表記は一九八三年の新訂版による)と正反対に近く変更された。冥途の海舟から変更せよとの通信があったとは思えないので、晩年の巌本が独自に判断したものだろう。

幕末に海舟が外債に反対したことは、三十年四月二十二日付談話に詳しく出る。

「王政復古といひ乍ら……」は、明治政府批判。足利すなわち室町時代や、織田・武田等の戦国大名、また豊臣や徳川の政治の方が秀れていたと言いたいのである。徳川家康の臣の本多は、これだけではどの本多か明らかでないが、おそらくは正信か。本多姓の家臣には、正信の子の正純の外に、作左衛門重次、平八郎忠勝、左衛門尉正重等々と数多い。

勝家の財産

(この日先生一文を見《しめ》さる。多くの助けを乞ふものに示さるゝものと。中に曰《いわ》く、吾息歿後《ぼつご》、勝家の財産は、悉皆《しっかい》、吾死後徳川氏に献納すべき事に定めありと)

どう思ふ、それで勝家の財産を保護するのも義務となつて居る。

(この日向島《むこうじま》別邸に任せらるゝ嬢君、水難忙裏に一閑を得て来訪せられしに会ふ。則ち水害に付きて種々の教示あり)

アレは剛情もので、弱つて居たが、今度は随分働いたよ。富田が、一昨日迎へに行つてくれても、どうしても来なかつたので、富田もその剛情には驚いて居た。十人ばかり外の女が来て居るが、それ等も家から迎へが来ても帰らなかつたさうだ。水が出かけると、頻《しき》りに米を搗《つ》かせて、天井に吊《つる》し、蓄へてある大木を柱から柱に結びつけて、板を置いて、その上に坐つて居たさうな。

今年破れた所を丈夫に直すと、この次はその向ふが破れるものだよ。

今年は、十一月頃から北風だ。スルト、東京には度々《たびたび》火事があるよ。貧民は火でも放《だ》さなければ支えきれまい。ヲレはその防ぎはしてある。（別邸の近傍の貧民に恵恤《けいじゅつ》せらる）

警視総監でないから、東京全体の事は、どうとも仕方がない。

山林の事だけは、御用心なさらぬとイカンと、度々申上げて置いたが、少しも用ゐられない。

も少ししたら出て見たいと思つて居るが、余程奢《おご》りがついてるやうだ。サウいふ事を聞くには、それぞれいゝ奴があつたが、今では八百松《やおまつ》の女だけになつた。かねて仕込んであるから、ヲレが行くと、殿様、かうで御座いますよ、などと言ふよ。

かねてから、ヲレは経済で破れると思つて居たが、その見込に違ひないやうだ。今の軍備拡張とか何とかいふものは、ホンの書記官の見識で、切り盛りして分けるといふ奴等のタテカタだ。アレデどうなるものかい。サウいふ事で、どうして確乎たる勘定が立つエ。

注　勝家の財産について、明治二十五年に息子の小鹿《ころく》が死んで直接の相続者がいなくなったときに、海舟が死んだら家禄は徳川家に返納すると決めた。このときまた、小鹿の娘の伊代と徳川慶喜の子供の精《くわし》との縁組みも一応内定した。この二つの方針の関係はちょっと面倒なのだが、後日の談話に何度も出るので、ここでは詳説しない。

この年、八月末から九月にかけて全国的に大水害があり、海舟の向島の別邸も被害を受けた。迎えに行った富田は、旧門人で日本銀行総裁や東京府知事をつとめた富田鉄之助。このときには官界を去って実業界に移っている。この水害のとき富田が舟で迎えに来たと、森田米子の思い出話がある。

西郷と島津久光

西南戦争の時は、初め岩倉公から、佐野常民がお使で、西郷の事を問はれたから、『西郷は出ません』と答へた。その後、あゝ言つたが、西郷は出たぢやないかと言ふから、『出ても決して指図《さしず》はしません』と言つてやつたが、果してサウだつたさうな。その時佐野の所で、大層な御馳走だつた。三条、岩倉の意見で、西郷の処置に付いて相談といふのだ。『私に全権をお任せになれば致します』と言つたが、それは出来なかつた。（全権とは西郷に附いて居る人々の生死の権を任せらるゝ事なり）

征韓論の頃、西郷は頻りに嫌がつて国に帰りかけた。その時大久保がヲレに頼んで、是非引止めてくれろと言つたから、とめた。

その後鹿児島で久光公の徒と西郷の徒が争つていけぬ。是非久光公を連れて来て欲しいといふ時にも、佐野の所で、大久保からの頼みがあつた。とてもヲレでは行けぬと言つたが「西郷から内々にさう言つて来た。勝さんが来てくれゝば纏《まと》まる」と。『それなら行きませう、西郷には報いなければならん』と言つて早速出かけて行つた。ヲレが話した所、直《じき》にわかつて「さういふ事なら行く」と言つて直《すぐ》に来られた。この時も大久保は「もう二度とかういふ事はお頼み申さない」と言つて、平蜘蛛《ひらぐも》のやうになつて頼んだから、モウから再三ヲレに全権を任せて頼むことはすまいと思つて居たよ。久光公が出てこられてから、引受けられぬ故、ヲレも共に辞した。

注　岩倉公は、岩倉具視《ともみ》で、西南戦争のときは右大臣。佐野常民は肥前藩出身で、明治政府の大蔵卿・元老院議長・農商務大臣などをつとめた人物。幕末肥前藩時代から海軍技術をてがけ、長崎海軍伝習以来、海舟とのつきあいも古い。三条は、もちろん太政大臣の三条実美《さねとみ》。

　薩摩まで島津久光を呼びに行く話は、注意を要する。海舟が久光を呼びに行ったことが公式記録の上で明らかなのは、征韓論争決裂より前の、大久保利通はまだ外遊から帰って来ていない明治六年三月のことである。これにこたえて上京した久光は、内閣顧問となった。しかし、翌七年早々に帰国してしまったので、こんどは山岡鉄舟らが呼びに行き、それに応じて改めて上京した久光は、七年四月、左大臣に就任している。ところが、海舟のこの談話では、大久保が帰朝しており、また、いったんは引きとめた西郷が結局は国元へ帰ってしまっているとき、という設定になっているので、久光七年の上京を自分が呼びに行ったものだと主張しているようにも読み取れる。なお、三十一年十一月三十日付談話参照。

明治二十九年十月十七日

前回からちょうど一ヵ月後、つまり松方内閣成立後約一ヵ月を経ているわけで、前回は伏せていたことも、わりあい、あけすけにしゃべっている。このとき海舟が、松方内閣に非常に肩入れしていたことが、よくわかる。また、徳川家と明治政府との関係についての海舟のとらえかたも面白い。明治政史の裏面をのぞかせる、注目すべき談話である。日清戦争についての部分も、注意を要する。

巌本は「朝九時より午後二時半まで、溝口氏後れて来る」と注記している。昼食をはさんでの長時間の対話だったようだ。溝口は徳川旧臣で徳川家と勝家の連絡係をつとめている溝口勝如だと思われる。この人物についてはのちに詳しく解説する。

第二次松方内閣

どうだ。世間は落着いたらう。エ、先月二十七日サ。松方の所に行つて、高島も西郷も来てネ、ひどく言つてやつたよ。樺山《かばやま》は居なかつた。ア、、歌がやつたらあナ。

今度は、もつと騒ぎになるだらうと思つてた。それでそれぞれ準備をしてネ。徳川家の人々にも言つて置いたよ、『今度は都合によつたら少しヤルかも知れない』ツテ。サウサ、あツちこツちへも手紙がやつてあるシネ、何でも物いりサ、馬鹿々々しいよ。それから面談したのサ。存外早く落着いて、一日で事も了《おわ》つたのだ。松方も礼に来た。

三人寄つたら、西郷の半分位の事は出来るだらうと言つてやつた。

長州は智慧に屈托するが、薩摩は、感激する所が未だ残つて居る。黒田の病気を見舞に行つた時、薩摩の大株が大分居つたから、ひどく悪口を言つてやつた。『有りもせぬ智慧才覚はおよしなさい』ツテ。

政綱の出るまでは、ちと心配もしたが、ほんたうに、ボンヤリと、よく出来た。自慢を書かなかつたのが善かつた。肥塚が来たから、『ヘノコの筒切《つつぎり》はどうだ』と言つた。『ヲレの家に、あの前から、大分馬車が往来したのを知らぬか、それだから新聞屋は間抜けだ』と、言つてやつた。

ナニ、大方針と精神とを言つたばかりサ。細かい方法などを一々言ふと、姑が嫁をいぢるやうで、宜《よろ》しくない。ア丶なると、薩摩は、又一生懸命に、色々と工夫して、細かい所まで気を着《つ》けるよ。

三十年来徳川一門を固めて置いた。みなヲレの言ふ事を聞くから、マサカの時には国家の御用する事の出来るやうにしてある。松方等も、ヲレが何をするかと、少しは恐れたであらうよ。

注　松方正義のところに集まっていたと言われているのは、新内閣で陸軍大臣兼拓殖務大臣の高島鞆之助《とものすけ》と海軍大臣の西郷従道《つぐみち》。来ていなかった樺山は、内務大臣の樺山資紀。みな薩摩出身である。「三人寄つたら、西郷の半分位の事は」というこの西郷は、大西郷、隆盛。黒田は、枢密院議長の黒田清隆で、やはり薩摩。

第二次松方内閣の政綱は十月十二日に発表された。肥塚は改進党—進歩党の肥塚龍。

人はさまざま

陛下は、三位《さんみ》（徳川公）は善いものだと仰《おつ》しやるさうで、松方もかれこれ言つたから、三位にすゝめて、松方に会はせた。文部大臣はどうだと言つたら、逃げるやうにして断つた。「未だ経験もないから、何か低い所で出来るだけの事を致したい」と言つたよ。好い心掛《こころがけ》だから、賞めてあげた。書物を多く読んで、学問はある。且つ至つて無邪気だよ。

松方等も、「先づ一二年一生懸命に働いて、後進を要路にすゝめて、それから辞する」と、ヲレに盟《ちか》つた。人がないく\と言ふのは宜しくない。適当の人を挙げて、経験させて渡さなければ、不親切だよ。追々《おいおい》人をすゝめたいと思ふが、随分無いネエ。

榎本の事を、色々と人が言ふから、ヲレは弁護してやる。一人位はあんな淡泊なものがなくてはならないよ。

（維新の時の事は、他に要せられての事か、又は自ら左様に思つての事かと問ふに）

自分でも勝つて居ると思つて居たのサ。西郷に本当に従つて居るものは、三百人位で、その外はみな背《そむ》いて居るから、戦つても訳はないと思つて居たのだ。大勢を知らんで、サウいふ見識だから困る。

陛下はヲレを御信用なさらない。一度御陪食をしたが、そのほかあまり上らない。慶喜《よしのぶ》公でもさうだ。徳川家を禍《わざわい》するものは勝であるといふ事を、書面にも書かれたのを見た。

注　「三位」は、巌本も注記しているように、徳川総本家の当主の徳川家達《いえさと》。十五代将軍慶喜《よしのぶ》が退いたあとを田安家から入って継いだ。

榎本武揚《たけあき》は、前内閣から農商務大臣のまま留任している。巌本の注記にある「維新の時」および海舟の答えの「自分でも勝つて居る……」は、榎本が東征軍に抗戦して最後まで闘ったことをいう。西郷隆盛が東征の先頭に立ってきたのを、さしたることはないと誤認したというのである。

日清戦争

日清戦争の、勅文の出た頃は、丁度《ちょうど》日光へ参つて居た。途中で聞いて、ビツクリした。宮内省で、伊藤にも言つたのだ。その時作つた詩がこれだ。

隣国交兵日《りんごくへいをまじうるのひ》　其軍更無名《そのいくささらにななし》

可憐鶏林肉《あわれむべしけいりんのにく》　割以与魯英《さきてもつてろえいにあとう》

半紙に書いて中島雄に見せたら、「支那の方ではサウでない、大層恐れて居ます」と言ふから、『恐れて居てもサウだ』と言つた。「この詩の通りになつたら、これは宝物にします」と言つて、持つてつたよ。

最初は、決死の徒が六人来た。仲間は六十人あると言つた。もし戦はなければ大臣を刺殺すと迫つた。ヲレに任せろと言つて、色々周旋したが、とても止まらなかつた。アレ等は、陛下を博多まで出て頂くといふのであつた。ヲレは、山県《やまがた》の出る時に、サウ言つてやつた。『快く一戦して、いい加減にして、引上げて来なさい。決して長く戦つてはいけません』と。あの六十人の連中は、今もちよいちよい来るが、今では大閉口して居るよ。サウサ、伍長位の下の連中サ。それが段々と上のものを強迫したのサ。

軍人が暇乞《いとまごい》に来て、「復《ま》たお目にかゝらんかも知れません、生きて還らない積りです」と言ふから『馬鹿め、死んでどうする、イクサといふものは、大抵にして早く逃げるものだ』と言つてやつたが、ソレが還つて来て、褒美《ほうび》がどうとかかとか言つて不平を言ふのサ。

己が李鴻章にしても、ナニ馬鹿ナ、日本などと、本気に戦ふものか、サツサと逃げるよ。土地が広いから、逃げまはつて二三年もかゝるさ。大きに都合が善いよ。『それではドウダ』と言つてやつたら、「そればかりを心配して居ました」と言つたツけ。

注　海舟は、日清戦争に対して批判的である。伊藤は、むろんそのときの首相の博文。中島雄は、長く清国に駐在した外交官で、漢学者としても知られていた。山県有朋《ありとも》は、日清戦争のとき、第一軍司令官、ついで監軍。

東洋の平和

富田（鉄之介）も、恐がつて出ないやうだ。（余は勧業銀行総裁たらるれば民望ならんと言ひたり）

先だつて、松方等にサウ言つたのさ。ヲレの事を大言を言ふと人が言ふさうだが、ヲレは言ふだけの事はきつと行ふ男だ。ナンダイ、この位の国は一人で沢山だ。

（日清戦争の頃、伊藤、黒田へ送られし文を見たるに）

三国に干渉されて、タウ〳〵還すとしても、夕ゞその儘《まま》還すといふ馬鹿なことがあるものか。東洋の平和の為《ため》だといふジヤアないか。魯士亜《ろしあ》にも相談して、シベリア鉄道に続けるものを、大連《だいれん》湾の辺まで延ばすやうにしたらどうだと協議するサ。支那にも承知させて、支那にこれをかけさせるサ。金が無ければ償金を貸すのサ。人夫には朝鮮人を使つてやるのサ。ソウすれば東洋の平和の為《ため》にするといふものだ。たとへ、この相談が行はれないにしても、どうせ遠からずこの論が起るのだから、日本から率先して申出るべきだ。コチラで先づ一本刺して置けば、後で、人心が萎靡《いび》しない。さうしなければ人心が萎靡すると思つて意見書を出したら、勝はソウいふ時勢に暗いことを言ふといふので、巳代治《みよじ》サンはじめ大笑ひだつたさうだ。

李経方は、後にはエラクならうよ。ア丶いふ性質は、支那では、受けの悪い方だがネ。羅豊禄が善いと早く聞いて居るよ。何とか言つたけ、アノ何如璋の後で来た、今蘇州の方へ行つて居る男、あれはなか〳〵善かつた。

松方も、今度は、支那と交易する事に勉《つと》めるさうだ。西洋人などわざ〳〵遠方から来る位であるのに。向う河岸《がし》に居ながら、商売をせぬといふものがあるかエ。

ヲレは若い時、支那へ行つて見て、万事の大きいのにビツクリした。我が日本の事を思ふと、何もかも小さくて、実に涙がこぼれた。その小さい中で、又小さな小党派の争ひをして居るのだよ。

松方も、支那の公使に、ヲレから言つてくれろと言ふけれども、サウ奔走するのは、嫌だからね。黙つて居るよ。

注　富田鉄之助は、官界を退いていることも含めて、前回の注を参照。「出ない」とは官途につかないの意。巳代治サンはじめに笑われたという意見書は、明治二十九年二月のもの。巳代治は、伊東巳代治で、二十九年二月当時の第二次伊藤内閣の書記官長。

李経方は、李鴻章の嗣子で元の清国駐日公使。底本の李経芳を改めた。羅豊禄は李鴻章の腹心の部下。底本の羅芳禄を改めた。何如璋も、元の駐日公使。その後に来たのは許景澄で、その次が黎庶昌。海舟がほめているのは黎庶昌のことだろうか。

明治二十九年十月二十一日

巌本は、この前からわずか四日の後に、また現われている。その間に、海舟は枢密院議長の黒田清隆を見舞いに行ったようだ。さすがに四日間では大きな話題となるような政局の変化はなく、前回の補足的な話や回顧談が多くなっている。むろん、それはそれで面白い。またロシアと朝鮮のことにも注意する必要がある。

「朝十時より午後〇時半まで、宮島誠一郎氏後れて来る」と巌本の注がある。宮島は米沢の出身で貴族院議員。

肥前人と土佐人

一昨日は黒田の所へいつた。チヨツト見舞つただけで帰ろうとしたら、奥サンが出て来て、どうしても上つてくれと言ふのサ。黒田に会つたら、大層喜んで居たよ、午后《ごご》早く行つたが、帰つた時は九時頃だつた。アレも大安心したやうだ。近頃は政談は少しもしない。然し、快談して病にさはるだらうと気遣《きづか》つたら、「こんなお話は幾ら伺《うかが》つても愉快だ」と言つたよ。今度の事は、薩州仲間が、一世の一大事と思つたやうだ。ナニが一大事かイ。児戯に類した事だ。然し正直一途《いちず》の男だから、心配して卒倒までしたのだよ。

大木は肥前人の中で第一の太ツ腹だつた。みな内閣を退いた時、おれとあれとが残つて居て、暇で毎日話ばかりしてよく知つて居る。アレが家を島津家に売る事の世話をした時、才《さい》取《とり》一人が来て、儲《もう》け口を横取りせられたやうに言つて怨《うら》んだから、ヲレは『お礼に裏地二《に》反《たん》貰つたから、切つてやらうか』と言つたら、彼等は驚いて居た。ヲレが大層儲けでもして居ると思つたのだ。それから段々内訳《うちわ》け話をしたから、ヲレは可哀相《かわいそう》になつて、二百両投げ出してやつた。大木もせめて二三十両づつでもアレ等にやればいゝのに、そのケチな事を初めて聞いた。アレ等はまた反《かえ》り忠《ちゅう》めかして、色々と大木の事を言つて居たよ。

——大木さんは、金持らしく世間では思ひませぬが、それだけうまく溜《た》めて居らるゝのでせう。

余程の金持だよ。

後藤は大名の塩辛《しおから》にしたやうなものだと言つてやるのサ。少しも尻のつかぬ男だ。土佐では、坂本龍馬《りようま》と岩崎弥太郎の二人だつた。

——土佐が大政奉還を建白したのは、矢張り大勢を洞観しての卓識か、又はただ小策に出たものですか。

あれは、坂本が居たからの事だ。然し、土佐は、いつも筒井順慶《じゆんけい》で、伏見の時も、全く日和見《ひよりみ》をして居た。肥前もサウだ。

岩崎にはただ一度だけ会つたよ。吉井と上野に遊びに行つたとき、昼飯を何処かで食はうと相談したら、岩崎へ行かうと言つた。ヲレは金持の所は嫌ひだと言つたら、「勝といふ事は匿《かく》してお取りまきになつて行つてみろ」との事で、『それは面白い』と言つて同行した。岩崎の事だから、大層御馳走をしたが、どうしてか、ヲレを見つけ出したとみえ、帰りがけに、玄関まで来ると、後ろから、シカと抱きすくめたものがある。何をするかと、静かにして居たら、是非ゆるりと話したいと言つて、たつて留められて、それから暁方《あけがた》まで話した。その後直ぐ病気にかゝつた。『役人にだまされでもするのかい』と言つたら、なかなか、そんなものぢやアなかつたよ。

注　黒田は前出。

大木のところ「おれとあれとが残つて」とは、大木喬任《たかとう》が参議兼司法卿、海舟は参議兼海軍卿で、仲好く明治六年征韓論大分裂後の政府部内にとどまっていた一時期があるのを指す。

後藤は征韓論のとき下野《げや》参議側だった後藤象二郎で土佐出身、自由党を創ったり内閣に入ったりと、変転めまぐるしかった。坂本龍馬と三菱の創立者岩崎弥太郎との注は必要であるまい。筒井順慶は、天王山《てんのうざん》の戦争に洞《ほら》が峠《とうげ》で日和見をきめこんだと誤伝されたところから、去就《きょしゅう》明らかでないものの代表として使われる。

吉井は薩摩出身で元老院議官・宮内次官などをつとめ、枢密顧問官で死んだ吉井友実＝幸輔。

順聖公

薩摩の順聖公は、エライ人だつた。先達《せんだ》つてもその近侍をした人が、委《くわ》しく聞きたいと言つて来たから、色々話してやつたけネ、その頃は藩で不評判で、誰も知ツてるものは無かつたのだ。ヲレは軍艦に乗つて、薩摩海より琉球の辺を巡察するから、色々の事を見付け出さるゝと思つて、ヲレには何もかも打ちあけて話されたよ。当時、既に西陣の織物よりも立派な織物や、ビイドロなどを製造せられたが、それらの品物もヲレはみな少しづつ頂戴して今でも持つてるよ。西郷は庭番をして、ジカに度々《たびたび》お目にかゝつてネ、一々指図《さしず》をされたのさ。過激の事を言つては打叱られ、その教育を受けて人物となつたのだ。

初め、順聖公が相続せられぬ以前、久光をあとにしようといふ一派があつて、公の嗣子を毒殺したものがあつたが、これを責めもせず、一生飼殺しにせられた。その大量には驚き入るよ。余程人に厚かつたのだ。子を愛しないのではあるまいが、それよりも、大きな事で自《みずか》ら楽しむ所があつたとみえる。

順聖公などは開国家のやうでもあり、攘夷家《じょういか》のやうでもある。開国家に対しては開国、攘夷党には攘夷サ。

京都の公卿などは籠絡《ろうらく》せられて居たよ。阿部伊勢守にもさう言つて居られたさうナ、「京都は御心配あるな、如何様とも成ります」テ。又水戸の老公の事でも、達観一番、殆《ほとん》ど掌中に弄し、「勝手になんとでも言はせて置きなさい、決して心配には及びません」と言はれた。順聖公の時は、台場を築く事でも、図取《ずとり》はみなヲレがしたのさ。

コレラの時は長崎に居て、薬を調合してあげた位で、あの頃の事はよく知つてる。未だ西郷は用ゐられて居らん。

先達つて、薩摩の者等に話す時に、サウ言つた。『ヲレの言ふ事を、ヲレが言ふと思ふナ。順聖公のお心持は、ヲレが一々知つてゐる。又西郷はヲレの知己だ。今日言ふ事は、順聖公や、西郷の言ふ事と思つて聞きなさいツ』とおどしたら、皆が閉口して大層感激したよ。

注　順聖公は、既出の島津斉彬。海舟は安政年間長崎で海軍伝習中に軍艦で、斉彬が大改革をやっていた薩摩を訪れた。久光は斉彬の異母弟。久光の子の茂久（忠義）が斉彬の後を継いだ。阿部伊勢守正弘はペリー来航時の老中。水戸の老公は、斉昭《なりあき》。

国家問題

政党も利用すれば善いのサ。役人も多くある中には、悪いものも出来、又腐敗もする事だから、その刺激剤には格好《かっこう》のものだ。この事は、曩《さき》に書いて置いたが、未だ公《おおやけ》にしなかつた。

先達《せんだつ》て、松方等にさう言つた。『己は、天下を取る事はむつかしいか知らぬが、叩き壊すのは雑作《ぞうさ》ない。幕府が国家問題の奉公心で政事を引渡したものを、自分等が私して居るのである。ヲレは檄文《げきぶん》を草して、天下に示し、人心を鼓舞するは、容易の事である。檄文は、未だ書かぬが、カウ〳〵腹案は出来て居る。又ヲレは一体人が悪い男で、謀叛《むほん》気もある。ソンな事は好きな方だが、これは国家問題だから、ドコ〳〵までも今一度と思つて、これを忠告する』と言つたら、大層感激した。『抑《そもそ》も、アナタ方は、未だ血を見る事が足りない。政事の邪魔をするものは、議員でも、何でも、打殺すといふ勇気を腹にして、それから穏かに処置しなさい』と言つたら、それは薩摩者の得意の所だから、大層りきみ込んだよ。

大隈の事も、最早《もはや》かれこれ人が来て、言ふから、ヲレは弁護してやる。誰でも足一本切られては、余程英気が減るものだと。

学者は、国家を装飾するものだ。

露西亜《ろしあ》は、朝鮮を取る気遣《きづか》ひは無い。まして日本などに、何の望みがあらうと、ヲレが毎度言ふ通りだが、西も帰つて来て、サウ言ふさうな。ヲレが引立てた安藤謙介を、露西亜の公使へと松方も言つたが、安藤は今少しかうやつて居りたいと言つた。

（江戸城建設の事情、太田道灌の事に付細緻《さいち》徹底の説明長話ありしが、近日その書を借覧すべきの故、暫《しばら》く略す）

注　松方内閣と政党との関係は、外務大臣の大隈重信を通じて結ばれている。前内閣が途中から伊藤―板垣

（自由党）の提携となったのに対して、この第二次松方内閣は、大隈の背後にある進歩党（旧改進党）と組んでおり、松隈内閣《しょうわいないかく》と称された。また、大隈が片足を失ったのは、二十二年黒田清隆内閣の外相のとき条約改正案の反対派から爆弾を投げられて。

西は、特命全権公使としてロシアに駐在していた薩摩出身の西徳二郎であろうか。安藤謙介は土佐出身、かつて外務省からロシアに派遣されていたことがあるが、このときは富山県知事。

政治の大小

土佐でも、長州でも、頻《しき》りに送迎をする。徳川氏の為にも初めは色々と使をよこしたり鄭寧《ていねい》にしたが、イザといふ時には、ひどい目に会はした。薩摩は、まるで反対で、終りまでかばつてくれた。

薩摩には、色々な党派があつた。西郷や大久保の派、海江田や伊地知《いじち》の派、そのほか多くあつた。松方などは吏派で、党でないが、役人の方だ。

伊地知は、西郷について、参謀のやうな事をして居た。恐しい智者であつたが、又気違ひのやうな男であつた。その子はそれで気違ひだ。

七八年も引込んで居ると、余程学問が上る訳だが、今の人は、金でも溜める事ばかり考へて居る。実に、今の人は、理想がない。それで少しも進まない。

朝鮮に対してだつて、何の仕様があらう。大隈が朝鮮の王様に言はせると善いのだ。これまでの仕方は悪うございましたと。それで一転の機会が初まるといふものだ。幕府の頃は、何といつても、政治が大きいから、役人などの陰険な運動は、なかなかひどかつたよ。誰が少し動くやうだとでも見ると、半年程前から、色々手を廻して、運動した。なかなか巧みなものであつた。藩々の事はどうしてこれに較べると、小さなものサ。(今の政治は即ち藩の時の規模なりといふ意)

明後日は、枢密院だから、出てみようと思ふが、モウ送迎するしネ、そねむ事もひどいからネ、五月蝿《うるさ》いよ。

モウ、いいから辞職さ。大層とめてネ。樺山が「アナタは金看板だから」と言ふから『看板なら、面白い』と言つてやつた。

注　海江田は軍務官判事・弾正大忠などをつとめ、このとき枢密顧問官の海江田信義。伊地知は左院議長・宮内省御用掛などをつとめ宮中顧問官で死んだ伊地知正治。
「朝鮮の王様……」は、国王が世子と共にロシア公使館に身を寄せたり、親日派を逮捕したりなど、日本政府の操縦通りにならないので、日本国内に強圧主義的ないらだちが現われていることに関連している。海舟は圧力主義に反対である。
「辞職さ」はもちろん枢密顧問官について。樺山は既出。この二行も『海舟座談』では欠けている。

明治二十九年十一月三日

このあたり、続いて訪問の間隔が近い。筆録の仕方もうまくなって、日常的な話題と政治的な問題とがからまって発展していく海舟の話しぶりが、よく再現されはじめたように思える。

いきなり同志社の新島襄のことが出るのは、このとき巌本が明治女学校拡充のための基金募集をしているのと関係があるかもしれない。「女の賛成人をこしらへて……」というのは、おそらく明治女学校についての発言だろう。また、後半にある「その学校の事も……」は巌本が助力を頼んだことへの返事だと思える。勝家の内情らしいものを垣間見ることができるのも興味深い。「午後五時半より九時半まで」の注記がある。

同志社

新島が大学を建てると言うて来た時、サウ言うた。『お前さんは千両の金でさへ、さう扱つた事のないに、十万といふ金を募るといふは、とても出来ないから、およしなさい』と言つた。すると、「西洋人が大層賛成する」と言ふから、『それだから尚《なお》いけない』と言うた。その時大層怒つて帰つてしまつたが、二三年は少しも来なかつた。すると、顔色衰へ、大層弱つて出て来て、「前年仰《おつ》しやつて下すつた事は、今になつて初めてわかりました、もう実にありがたい、私は余計な事を初めかけて大層困る」と言うた。それで私は言うた、お前さんも、『これ程の事をして、一度失敗して気がついたからは、今度は本当の事が出来ませうから、そんなに弱らないで、緩《ゆる》りとお休みなさい』と言うた。サウしませうと言つて、大磯へ行つたが、二三ヶ月すると、たうとう死んでしまつた。

それで、小崎や、徳富や、何弾正《だんじょう》や、横井などを呼んで、さう言つた。『同志社はもうこれでつぶれるから、つぶれると思つて、銘々別れて、それぞれ小さなものを創《はじ》めなさい。新島にも村夫子《そんぷうし》でなさいと言つた程だから』と言うたが、用ゐない。徳富は悧《り》巧《こう》な奴だから逃げてしまつた。横井が先達て来て、いやどうも先生の仰しやつた通りだと言うた。

注　同志社の結社と同志社英学校の創立は明治八年、新島襄はこれを総合大学に発展させようと資金募集に奔走中、二十三年に病死した。小崎弘道・徳富蘇峰・海老名《えびな》弾正・横井時雄は、いずれも、熊本でキリスト教に入信し京都の同志社に進んだ、いわゆる熊本バンドの人達である。横井時雄は横井小楠の子供。徳富は、海舟の言葉どおり逃げたが、小崎は第二代社長、横井は第三代社長、「何弾正」とやられて名前を挙げてもらえなかった海老名は、第八代総長（大学昇格後）になった。

一家の会計と天下の計

女の賛成人をこしらへて、それを利用する積りならよいが、女にさせる積りでは、とても出来ない。女が賛成しても、みんなの亭主が、金のいるので不賛成だ、方々で小言《こごと》を言ふよ。

（年末の会計表を示し、年の暮が二千円だとて、一々細目を挙げ、且つ言はるゝやう）

去年の百円が今年の百五十円以上だ。かう年々のを較べて見るのだ。これは一家の会計ばかりでない。これで推して、天下の会計を知るのだ。

枢密院へ出て居れば、月給で食つて居るやうに人は思ふが、弁解しても無益だから、黙つて居る。みんな、それは色々のことに遣《つか》つてしまふのだ。家禄は、死後奉還するし、せめて遺族へ十両宛でも出るやうにしたいと、大層骨を折つて居る。もう一年すれば、それは出来る積りだが、明治三十年といふには、死ぬかも知れないから、チヤーント、アソコに（文庫を指し）書置《かきおき》もしてある。枢密院をやめると、十円宛人にやつたのも、十銭二十銭にするから、かへつて経済が立つのだが、それは人が知らない。

家内は、私より年が上だし、それに親類が十軒ほども、家内によつて暮して居るから、私も、あれがなくなりでもすると、大層困る。少しづつは余裕もつけてあつて、それで公債でも買ふやうにはするであらうが、何分月々十分にやらないのだから困るだらう。

疋田《ひきた》が次官で、何も助けて居るから、その学校の事も疋田によく言つて置きませう。

注　「女の賛成人をこしらへて」云々は、巌本が持ちだした話題への返事だと思われるが、今回は巌本が自分の質問をすべて伏せているので、断定がむつかしい。しかし、おそらくここはもう同志社のことではなくて明治女学校の基金集めの話の方に話題が移っているのであろう。続いてすぐに勝家の家計の話になるのは寄付金をねだられたか、またねだられる危険を感じたからかもしれない。家禄死後奉還については既述、また後出。

疋田は、海舟の二女孝の婚家だが、夫の正善は明治二十六年七月に死去。ここは未亡人となった疋田孝子が海舟の妻を助けているという意味だろうか。「その学校の事」とは、やはり巌本が明治女学校への援助を頼んだのであろうか。

天下の事情がわかる

——先生のやうに開放無想に万人を扱はるゝと、自《おのずか》ら天下の事情は明白となりませう。色々にして私を聞くを厭《いと》ふのだが、向うから色々と言ふので、黙つて居ても事情がわかる。色々にして私をだますものもある。するど、勝をだましたと言つて触れるさうな。二三度もさういふ目にわざと会ふのだ。そして、向ふに言うてやるのさ。『私の方では、主意があつて、かう欺《だま》されるのだが、一体、何が一番困つてさう、ウソを言ふのか、もう大抵にして本音を吐いたらドウだ』と言ふと、大層驚いて、それから、すつかり何もかも言うてしまふよ。こちらでは、もともと、学問をして居るのだから、何も損はないよ。

松方なども、アナタの知つて居なさる中に、よい人があらうからと言ふが、『さうか』と言つて紹介をしては、それぢやア機械的だ。人才を挙げると言ふと、直《す》ぐと機械的になる。それで何にもならないよ。

事が起ると、サウカウと人に頼む。それだから本当のことはわからない。此の方などは、普段から長アく、飼つて置く。芸者や太鼓《たいこ》持《もち》まで、みなサウして居るから、それで大層銭がかゝる。

機先を制するといふが大切だが、機先に後《おく》れると、後の先といふものがある。角力取《すもうとり》を見ても、直にわかる。このこつを知るものが勝つのだ。

(北海道へ行玉《いきたま》ひし事ありやと聞きしに、否と言はる。将来、北海道と南方と、主《お》も何《いず》れの方が余計に拓殖すべきものかと問ひしに、どうも自然に任せるより外はあるまいと言はれ且つ曰く)

丁汝昌《ていじょしょう》と話したよ。魯士亜が、今は浦塩斯徳《うらじおすとつく》を開港するが、追々《おいおい》はモ少し南の方によるだらうと。

注　最後のところに出る丁汝昌は、日清戦争のとき威海衛の海戦に敗れて自殺した清国北洋艦隊司令長官。かつて明治二十四年、艦隊を率《ひき》いて来日したとき勝家を訪問し、海舟もまたその軍艦を見学した。

明治二十九年十二月七日

前回から一ヵ月余。その間の大事件としては、日本銀行総裁に、岩崎弥太郎の弟で三菱の代表者であった岩崎弥之助が就任したことと、今回の終りの方に少しだけ出る宮内大臣事件とであろうか。後者のことでは、雑誌『二十六世紀』、新聞『日本』『萬朝報《よろずちょうほう》』『国民新聞』などが、宮内大臣土方《ひじかた》久元の専横、長州閥の宮廷支配を攻撃し、十一月十四日に、発行禁止・発行停止の処分を受けている。しかし、今回の談話、大部分は、旧幕時代の思い出ばなしである。

「午前十時—午後三時。中島謙吉氏先づ去る」との注記があり、続いて「中島に対して、その辞職を留むるに向ひお話中」と書いているから、本日分の初めの方は、先客中島謙吉にむかってしゃべっていたのをそのまま書き留めたのであろう。中島謙吉は、尚武学校体操伝習所・神田中学校などを設立した教育運動家。また『文武日報』を発刊している。「辞職を留むる」とは、海舟が枢密顧問官をやめたいと洩らしたのに中島が反対したのであろうか。

旗本の生態

己は枢密院で口をきく男ぢやあないよ、何処へ居ても同じ事だ。
旗本はみな器用で、何でも出来たものだ。それは、かういふのだ。此の方などは、それはしなかつたがね、旗本が茶屋などで遊興したといふては、直ぐと罰だから、酒の相手などに、薄禄の旗本を呼ぶのだ。すると、此等は直ぐと料理もする、三味もひく、踊もする、役者のこわいろもやる。遂には娘も連れて来るといふやうにする。着物でも、お古を頂戴《ちようだい》すると、それを此度《こんど》は着て来る。すると、来年もしてやらなければならず、よめにも、娘にも、亦《また》仕送るといふやうになる。それが年々の例になるといふやうになる。薄禄の旗本は、サウいふ風にして、出這入《ではいり》をして居るから、かういふ得意が三軒もあれば、どんな薄禄のものでも、ちやんと立派に暮しが立つたものだ。そして、外へ出ては、自分の株を、他に知らさないやうに黙つて居る。それで、一軒の旗本の所へ、三四人もサウいふ出入の小旗本がある事がある。己は、十三から半年ほど、叔父の所へ厄介《やつかい》になつて居たから、よくそれを知つて居る。

この家（氷川の勝伯爵邸）は五千石の旗本の家だが、かういふ所へよつて、表には家来を置いて、そして内で丁半《ちようはん》のばくちをするのだ。中で何をしてもわかりはしない。又外からふみ込む事も出来ない。

それで、旗本の家では、大層色々の悪事が行はれたものだ。亭主を殺したものも、私の知つて居るだけで二三人もある。

喧嘩《けんか》をして、切り殺されても、表向《おもてむき》になると、家も断絶し、掛り合のものがみなしくじるから、病気といふ事にする。それでも立合《たちあい》が一人なければならぬ。いつでも此の方が頼まれて、三人もさういふ事をして還つた。

検分といふときは、家人《けにん》の半分は病気とか何とか言つて出ない。段々に延ばすよ。切刃《せつぱ》つまると、来て頼むよ。実は剣術は勝麟太郎に就き、目録を取つたと届けましたが、いよ〳〵御検分といふことになりましたが、外のお方では困りますから、どうぞ先生出て相手をして下さいと言ふのだ。仕方がないから、出て行つて、好い加減にあしらつて、向うの頭を一つ二つ打ち、コチラモワザト、ツキでも食つて、まゐつたなどと言うてやるのさ。

調練の時などは、実にをかしくてならんよ。検分の中に、本当の号令がかけられないものだから、兵隊や伍長《ごちよう》などに頼んであるのよ。だから、号令が幾ら間違つても、兵隊の方では、サツサと運動する。まるで違つた事をして居るといふのだ。吹出すほどさ。此の方などは、みんな知つて居るものだから、大層困つて、勝が検分といふと、みなが嫌がつた。それで、こちらも如才《じよさい》ないから、馬鹿なお大名か何かを頼んでね、弱年で一人では困りますと言つて、それを主席に置いて検分したよ。

(中島の帰りし後曰《いわ》るゝやう)千駄ケ谷の方へ、金を貰ひにいつて、三度も追ひ返されたと言ふから、それであれだけ書いてやつた、あれで少しは学問もあるし、淡泊だよ。

注　「己は、十三から半年ほど、叔父の所へ厄介になつて居たから」は、父の兄つまり伯父の男谷《おだに》彦四郎のところに預けられたことを指すのであろう。「検分といふときは、家人の半分は……」の家人は、いわゆる御家人つまり下級幕臣の意。先に帰った中島については本日分談話前の説明で述べた。
　千駄ケ谷の方とは徳川家。

宮内大臣問題

宮内大臣論かい。これをやつて置いたよ。
（宮内大臣事件に付き、建白されし文案を示さる。十一月十八日付なり。大意）

明治三十年は経済上より大事を生ぜん。故なき事に人々の騒ぐは内閣の為《ため》に祝すべき也。宮内の改革は尤《もつと》も難事なり、今や人々之《これ》に注意するに至りしは幸なり。今回の事もし手落より起りしならば、之を陛下に謝し、又天下に謝すべし。之を雲烟《うんえん》過《か》眼《がん》し去るべし云々。

注　この問題については、本日分日付直後の注で説明しておいた。なお、土方宮内大臣は進退伺を出したが、結局差止められた。

明治三十年三月十日

ひどく短いが、どういう情況での聞き取りなのか、何も説明がない。談中に出る金本位制は、この年の三月二十九日貨幣法公布、十月一日同法施行で、確立した。今回および次回・次々回はその貨幣法公布直前の時期である。

末尾の注は、必要がないので省く。

金貨本位

金貨本位の事をかれこれ問ふものがあるから、サウ言つて置くのサ『己は金貨の顔も見た事がないから、どうしたら善いのかわからない』と。金のない奴がかれこれ言つてもわかりはしないよ。

どうせ金貨国と貿易をするのだから、つまりは金貨本位にするより仕方がなからう。こんな問題は、利害双方の道理のあるもので、どうとも言へるものだ。それを議論できめようと言ふから間違ふのサ。つまり実行の手段にあるのだ。やる人の手加減で、善くも悪くもなるのだといふ事に気が着かんのサ。

どうせ、破産だから、破産の前には、色々の工面や、融通をするのさ。

明治三十年三月十六日

前回と同じく、貨幣法公布直前の談話である。通貨論から昔の金のこと、さらに徳川家の財産へと話題が移っていき、さらに西郷をめぐっての思い出が大きな部分を占めている。聞き取りの時間は「午前九時―午後一時半」。

金と米

金貨本位々々といつて議論のやかましい時に言ふと、ただ一つの議論として聞かれるから、黙つて居た。モウ大抵議論が片付いたやうだから、これを書いた。ゆるりと認《したた》めて出さうと思つて居る。

（金貨本位の儀に付内閣諸公へ見《しめ》すの文案を示さる。細字十八葉の大文章にて、精密の統計あり。大意）

旧幕は鎖港なりし故、規模狭小、通貨の数も多からざりしとの事。

金は本土に産せしもの多かりしと人は思へど、実は輸入せしもの甚だ多し。泉州堺に足利時代に入りしもの、又太閤慶長の頃の朝鮮馬蹄金《ばていきん》など多かりし事。

旧幕府時代に於て鋳造などせし金銀の高の明細比較表。

今は開港万国と交通する事故、規模を広大にし、組織を壮《さか》んにせざる可《べか》らずとの事。

（十七八葉の細字を通読するに、茫洋《ぼうよう》際限なく、真意を明らかにする事能《あた》はざるものゝ如し。ただこれを悟入せしむるものか。而して、愚考するに、実力を涵養《かんよう》し、貿易を拡張し、大に金を輸入すべしといふにあるが如く、必ずしも、金貨本位の是否《ぜひ》をいはざるものゝ如し）

大勢が来て、やかましく言ふが、みンな根がないよ。誰も本当に知つてるものはありやしない。正金《しようきん》を扱つた事のない奴等だから。徳川氏の時代でも、金貨本位だと言ふが、実は「米」だ。米何石といふだらう。

米を本位としてさへ、二億両の通貨だ。今日何にでも金を使ふ時に、六億以上入り用なは当り前ぢやないか。

金貨本位の是非を議論するなどは無駄な事だ。物はサウ急に運ぶものでないよ。人にある。これをやる人に依《よ》つて利害を決するのだ。ダカラ、勉強せねばならぬといふことサ、己は是非を言はぬ。

——慶長の頃が、金が多かつたのですか。

いや、矢張《やは》り幕府の末だ。

――外国から輸入した金は大抵どれ程ですか。

その事を明記したものがあるよ。

「後藤」は、足利時代のもので、その後もみなその極印《ごくいん》を打つた。

注　この意見書全文は講談社版勝海舟全集の「書簡と建言」の巻に収めるが、巌本が当惑しているとおり、徳川時代の貨幣略史という体裁をとっており、意図はわかりにくい。

「後藤」は、徳川幕府の金座後藤で、その姓は、室町時代からの金細工師後藤に由来する。

徳川家と勝家

――徳川には金が溜つて居ますか。

溜めぬといふが、此の方の主義だ。僅かの金を溜めるから、旧臣等が寄つて使ひ尽すのだ。又、それを溜めると、人々がこれを当《あて》にするから、かへつて経済がむつかしくなる。毛利サンなどは、井上が走り廻つて、それで今では借金の方が多くなつたといふぢやないか。阿波でもサウだ。みな殖《ふや》してまうけようとするから、損をするのだよ。

日光には、保晃会の外に十万円、久能に十三万円、両山に八万円程ある。これは、家禄の外の金で拵《こさ》へたのだ。それも、利子をみな溜めようとすれば損になる。五千円の中、三千円は散じて、恵んでおき、あとの清白な二千円を積む。それで公債を買ひ、又積むといふやうにする。それで今三十万円以上は出来た。万一徳川氏が饑渇《きかつ》に困るときは、それでも少しは食へるだらうよ。

慶喜公は禄がない。然し別に、十万円程あつて、それを渋沢にあづけ、その利で暮《くら》されるよ。

（勝家財産の事の談出でしときに）

二十八年に書いた遺言状を、又書き直さなければならぬやうになつた。家禄の三万五千円と、家屋敷とで、十万円はあらう。他に刀剣、古器物、書庫、器具等、これは勝家に遺す。

己が先に死んで家内があとに残れば、月々三十円だけ貰ふといふ事にしてあつたが、もうそれはいらない。財産が殖えたものだから。

外の地所と貸家は家内の方にやつてある。今年一ぱいたてばもう大丈夫にあとが出来る。

注　「毛利サンなどは、井上が……」の井上は、長州出身の元勲井上馨《かおる》＝聞多《もんた》。井上に対するこの非難は、次にも出る。阿波は蜂須賀家。

徳川本家の財産についての説明は、後日の談話にも繰り返し現われるが、数字は必ずしも一致していない。しかし、財産の性格や、価値変動の関係もあるので、あまりこだわらないことにする。

慶喜は、最後の将軍徳川慶喜《よしのぶ》。禄がないのは、戊辰《ぼしん》戦争のさなかに隠居して、徳川本家を田安亀之助＝

徳川家達に譲ったため。渋沢は、一橋時代からの慶喜の家臣でいまは明治の代表的実業家となっている渋沢栄一。勝家の財産については、既述、また後出。

西郷の七年忌と遺児たち

――御一新の事は、西郷先生と、先生とお二人でなすつたので、その外は、余波《よは》のやうに思ひますが。殊に西郷先生は、国に引込んで居られましたから、不平家も鎮《しず》まつて居たやうに思つて居ます。つまり引込んで居られたのが治める為《ため》になつたのかと思つて居ますが、どうでせう。

サウだが、それでトウ〳〵不平党の為に死んだ。西郷はあゝいふ時は、実に工夫《くふう》の出ない男で、智慧が無かつたから、あゝなつた。ナニ、あれだけの不平党を散らすのは、訳はないのだがね。

――若い人で、望みのあつたものが有りましたか。

タツタ一人あつたよ。大抵のものは、何をする人だといふことが、きまつて居るがネ、それは、どうなるか、少しもわからなかつたよ。『決して、急《せ》くな急くな』と言つて置いたのだが、トウ〳〵西南の時に、出掛けて行つて死んでしまつたよ。

(西郷寅太郎氏洋行の時の事の記事文出だして見せられしうちに)

明治十七年十一月だつたか、七年忌でもあり、どうかしようと言つて、大層苦にして心配してたよ、伊地知に、元田、吉井が。それから税所《さいしよ》と吉井が来て、心配して話したが、従道は兄の事故話されず、大山は子分故言ひ出されず、困つて居るとの事だ。『己も段々考へて居る』と言ふと、「とても今度は言ひ出せぬから、立太子《りつたいし》の時にでもといふ考へだ」と言ふから、『それではイカン。この機を外《はず》してはならぬ』と言ふと、二人とも己に頼むと言ふから、『それでは己に任せなさい』と言つて、そこでこの文を書いて、

(若《も》し陛下優渥《ゆうあく》の御思召《おぼしめし》を聞かば、不平鬱結《うつけつ》の徒、期せずして解散すべし、たゞこの事、奏上するの途なきをいかにせん云々の意)

山岡にやると、山岡が有栖川《ありすがわ》サンに申上げ、有栖川がこの書を貸してくれと言はれて、直ちに奏上せられた。そこで、御手許《おてもと》よりすぐに召出され、御手許金をもつて洋行の事を仰せ出された。はじめは菊二郎との事だつたが、嫡子だから、寅太郎となつた。本人が上京して、容易にお受けをせぬ。「私が左様の思召《おぼしめし》を蒙《こうむ》るよりも、亡父の事に付て願上る」と言つて聞かないのサ。

吉井が来て、「寅太郎が承知せぬので困る、どうかコッチへよこすから頼む」と言ふから、寅太郎が来た時、サウ言つても、承知せぬ。その時己は言つてやつたのサ。『オヤジの通りに、二三千人もお集め。此度《こんど》は千人位だらうが、その千人位を殺すのもまた面白い、さう思ふなら、サウおし』と言つた。すると、吉井が、次に来て、「勝さんも国に帰つてよいと言はれたから、帰ると申します、実に困る」と言ふから、いやまあ、行く処まで行かして見な

さいと言つて置いた。

すると、半年程立つて、上京して、今度《こんど》はあちらから言つた。「段々考へて見ました処、親父のしたやうな事をするよりも、洋行を願つて軍人になり、御奉公をする方が、大きいという事に気がついたから、何卒《なにとぞ》洋行の事をお願ひ申してくれ」と言つた。

――帰国して、人々を説得せられしならん。如何にも感服の事です。

アチラにもわかつたものが居るから、相談もしたらうし、母もその考へですゝめたらう。この時から伊藤サンは大層驚いて、己に目をつけたよ。「恐しい事をする人だ。一応言つてくれゝば好いに」と、言つたさうな。己が総理であつても、サウ思ふだらうよ。然し、伊藤サンは感心で、その事から己を貶《オト》すといふ事もなかつた。幕府の時なら、それはそれで賞めて置いて、外の事で取つて落すから、チヤンと、用意をするのだが、伊藤サンはサウはしなかつた。然し、恐しい手の広い、気味の悪い男だと思つたやうだ。

この事も段々後にわかつたから、薩摩では、いまだに大層己を信じて居る。己が薩摩へ行つて、煽動すれば、二三千人位は直ちに爆発するといふ事を、伊藤サンも知つて居たものだから、大層用心したヨ。元田も吉井もこれから悪くなつた。それで『モウ来なさんな、己の方から夜でも行く』と言つたのサ。

この事からして、薩摩の不平連が、期せずして解散した。寅太郎も善い軍人に成つたよ。

注　七年忌で心配した伊地知は、既出の伊地知正治。元田は、肥後出身で明治天皇の側近にいた元田永孚《えいふ》、明治二十四年に死んでいる。吉井は既出の吉井友実。税所は、薩摩出身で元老院議官や奈良県知事をつとめた税所篤。従道はむろん西郷従道。大山は、陸軍大将のちに元帥の大山巌《いわお》、西郷とはいとこになる。「この文」は、明治十六年十一月五日付の山岡宛書簡で、海舟が「十七年」と語っているのは記憶違い。講談社版勝海舟全集の「書簡と建言」の巻に明治十六年で収録した。有栖川サンは、十六年当時左大臣だった有栖川宮熾仁《たるひと》で、『海舟座談』は「有栖川左府」としている。維新のときは、東征大総督として、参謀の西郷にかつがれていた。

菊二郎は、名前が「二郎」であるため間違われやすいが、西郷が大島に流されていたとき島の女性愛加那に生ませた子供で、長男である。寅太郎は、弟だが嫡子。寅太郎は、結局、ドイツに留学して陸軍軍人になった。

維新後の外交や廃藩のこと

——維新後外交の大事は何々でありましたらう。

ソリヤア耶蘇《やそ》の事と贋金の交換の事サ。

贋金の時は、公使等がやかましく言つて来るし、どれ程あるかわからないから、大久保も大層弱つたよ。それから来て相談するから、考へて御返事する、と言つて置いて、考へたがネ。藩々で随分贋金をこさへたものだが、なかなか余計に出来ない。その具合を知つてるから、それから推して勘定してみると、大した事は無いと見当がついた。それで二、三日して大久保の所へ行つて、人払ひでサウ言つた『考へがつきましたが、断然、引換へなさい。私が勘定では、三百万両より多い気づかひはない。愚図々々して居るうちに殖えるから、早くするほど善い』と言つて、それから急に引換へるといふことにしたら、案の定、存外に少なかつたよ。

耶蘇教の事を大隈が書いたツテ。何を以《もつ》て、サウいふことを言ふのか。これ御覧、ワシがチヤンと書いて置いた書付があるよ。

——廃藩の事は困難でしたか。

雑作《ぞうさ》なかつたのさ。幕府が率先して奉還したのだからノ。西郷にこの手紙をやつて（その書の日付は巳年六月なり）徳川の小藩にはみな家禄を与へる事とした。この六月に、大策は相談して、きめて置いたのだ。その後、木戸が直ちに説き廻つて、ヂキに出来た。

第一の長州征伐は、実に強藩を抑へて置いて、その勢で多くの小藩を併せ奉還させるといふ積りであつたのさ。

（この故、前にいはゆる西郷等へ送られし文の初《はじめ》に、幕府の末、外国の金を借り、長州征伐して而して決行せんとせし策あり。余は当時、これに反対し置きしが、今は則《すなわ》ちこれを施すべきの時なり云々の意味の辞あり）

——久光公は廃藩に反対であつたと聞きましたが。

西郷と仲が悪いので反対であつたが、此の方が行つて、仲を直してから、すぐ善くなつた。

枢機々密の事は、いつの世でも、これに関係する一二人の外は知つちや居ない。いつでも同じ事だ。又色々議論をして、空に示した形跡の是非を論ずるなどといふ馬鹿があるものか。大事といふものは、成し易いものだ。今でも、成し易い。ただ全権でなければ出来ぬ。人がなければ出来ぬ。

(明治二十六年一月海軍小記を著し、元田の手より陛下に差出し置きたりと言はるゝもの写しを見る)

己は、海軍を創《はじ》めて、銭のいるに驚いて、死ぬる程の苦しみをした。今の海軍論などは、根柢《こんてい》のない議論ばかりだ。拡張するにも、みンな根柢がなければダメだよ。今ではこの海軍小記を見せても、誰も異論はあるまい。

琵琶《びわ》城山の曲は、二年程、西が来てせめて、たうとう作つた。高崎が色々手を入れたのだ。

(昨日は陸軍大将云々より折しもあれやの前までは高崎氏が筆。又亥の年以来云々の句も同じ。すべて先生の原作になし)

鹿児島では大層人が歌ふさうだが、こちらにも行はれて居るといふ事は知らなかつた。松方と樺山とがそのうち来るといふ事を、宮島に伝言して寄こしたから、断つた。色々の人が来るから、止して下さいと言つてやつた。

注　贋金のことについては、『氷川清話』の第三章政治今昔談の(ろ)財政経済論のところに「贋貨引換一件」と題した談話がある。各藩で発行していた二分金の引換問題で、紛糾したのは明治二年。大久保はむろん利通。

耶蘇教のことについては、あとで明治三十一年六月三十日付のところに詳しい話が出る。

廃藩のこと、西郷宛の手紙のところ、巌本の注記の巳年とは明治二年。六月は版籍奉還の月。海舟は、このときに、明治四年の廃藩置県まで見通して相談しておいたと言いたいのだろうか。木戸は、もちろん木戸孝允。突然、長州征伐が飛び出すのは、巌本の注記にあるように、幕府が持っていた廃藩の方針を、いまこそ新政府が行なうべきだ（と海舟が西郷に忠告した）という文脈から。外債まで真似ろという意味ではない。念のため。

島津久光との関係は既出。ただし海舟がここに言うほど簡単に解決したとは思えない。

海軍小記についての巌本の注記、明治二十六年には前述のように元田は死んでいる。富田の誤りか。

琵琶城山の曲のところ、西は、薩摩琵琶の妙手だった西幸吉だろうか。高崎は薩摩出身の歌人高崎正風。最後のところ、松方正義と樺山資紀がそのうち行くという伝言を伝えた宮島は、既出の貴族院議員宮島誠一郎だろう。

明治三十年三月二十七日

今回は、足尾銅山鉱毒事件の話から始まっている。この三月三日には、被害地農民数百人が、途中での妨害をくぐり抜けて東京日比谷に結集、農商務省に操業停止を要求していた。内閣は、十四日に調査委員会を設置したが、その後も再三にわたった被害農民の上京陳情は徹底的に弾圧され、問題は一向に解決しなかった。

海舟は「直ちに停止の外ない」の意見であり、義人田中正造とも親しい。海舟の談話は、そのあと、戦国、江戸の初期・中期・幕末、また明治初年と、古今を縦横に駆けめぐり、人物評も多く、興趣は尽きない。

巌本の注は「午前九時より午後三時。国木田収二、中島謙吉氏来る」となっている。国木田収二は、独歩の弟で、俊敏をうたわれたジャーナリスト。中島謙吉は既出。

足尾鉱毒事件

礦毒問題は、直ちに停止の外ない。今になつてその処置法を講究するは姑息《こそく》だ。先づ正論によつて撃ち破り、前政府の非を改め、その大綱を正し、而《しか》して後にこそ、その処分法を議すべきである。然らざれば、如何《いか》に善き処分法を立つるとも、人心快然たることなし。何時までも鬱積《うつせき》して破裂せざれば、民心遂に離散すべし。既に今日の如くならば、たとひ礦毒の為《ため》ならずとも、少しその水が這入《はい》つても、その毒の為に不作となるやうに感ずるならん。さうして如何にして民心を安んぜんや。古河も十万円位の純益を吾有にしてその他を散じ、終りを克《よ》くすれば続くが、さなくして永続する道理あらうや。

先達《せんだ》つて、大蔵の目賀田が来た時に、あれはどうしませうと言ふから、今となつてどうなるものかと言つた。然し、田中は大丈夫の男で、アレは善い奴ぢやといふだけ言つて置いた。

その筋のものが来たら言はうと思つて居る。書いて出さうかとも思つて居る。

榎本が巡視して姑息の慰藉《いしゃ》をしたといふが、陸奥などが、金を貰つたといふのと、五十歩百歩の論ぢやあないか。前政府の非を改むるは、現政府の役目だ。非を飾るといふことは宜《よろ》しくない。

旧幕は、野蛮だと言ふなら、それで宜しい。伊藤さんや、陸奥さんは、文明の骨頂だといふぢやないか。文明といふのは、よく理を考へて、民の害とならぬ事をするのではないか。それだから、文明流になさいと言ふのだ。

一昨年は、日光に行つて見て置いた。然しもう長くは出まいといふことだ。

（金貨論草案印刷を余に托せらるゝに付いて）

雑誌の中に入れられて印刷するのは大嫌ひだ。誰が見るもので。一論を徒《いたず》らに立てゝ、これを駁《ばく》したり、答へたりして、それで売るので、草紙と何も変つた事はない。そんなものの中に入れて見て貰ふといふ望みはないよ。六十部か五十部で宜しい、真面目《まじめ》で見るものに見せれば善い。

注　海舟の足尾鉱毒事件に対する関心は深く、後日の談話にも出るし、また歌もある。古河は、もちろん銅山経営者の古河市兵衛。「大蔵の目賀田」は、海舟三女逸の婿《むこ》目賀田種太郎。このとき大蔵省主税局長で、のち貴族院議員さらに枢密顧問官となる。田中は田中正造。衆議院議員で、早く明治二十四年ごろからこの問題を議会に持ち出しており、このあと（海舟没後だが）明治三十四年には、天皇に直訴した。

榎本武揚は、既述したように前内閣（第二次伊藤）から引続き農商務大臣をしていたが、この直後の三月二十九日に辞任した。鉱毒被害地を視察して衝撃を受けたのだと推測されている。陸奥宗光は、田中正造がこの問題を議会に持ち出した明治二十四年当時（第一次山県内閣〜第一次松方内閣）の農商務大臣。陸奥の二男が、古河の養子になっている。

厳本の注にある「金貨論草案印刷」云々は前回の談話に出ていた海舟の貨幣論を厳本があずかって、ミミオグラフで三十部印刷したことを指す。配布は、海舟が自分で篤志者に分けたらしい。

徳川初期の重臣たち

柳生但馬《やぎゅうたじま》は大したものだと、密《ひそ》かに驚いて居る。段々調べても、証跡が無い。然し島原一揆の時に、板倉を遣《つか》はされたと聞いて、将軍の前に出て、「それはとんでもない事を為《な》さる、アレは通常の一揆と違ひ、宗門の一揆といふものは、なかなか容易のものでありません。板倉はキット打死《うちじに》をします。それで、その話を聞きますと、直に馬で追つかけましたが、もう追付きません。とんでもないお間違ひです」と、散々に論じた。暴《アラ》くれで誰の手にもかゝらぬといふ三代将軍を、子供のやうに扱つた手風《テブリ》がよくわかる。この時、将軍はひどく怒つたが、後で成程《なるほど》、但馬の言つた通りだと悟つて、伊豆守をやられた。そして板倉はたうとう打死をしてしまつた。三代将軍は、余程、但馬の為にやはらめられて居たのだ。

沢庵《たくあん》かい。ナニ、たいしたものではあるまいが、アレは、柳生但馬が形跡をかくした為サ。柳生も大名だから、自分で方々を見てあるくといふ事は出来まいヂヤないか。それで、剣法に禅が入用だと言つて、しばしば行つて、諸国行脚《あんぎゃ》の話を聞いたのサ。ナニ、剣法に禅がいるものかサ。何でも戦国になると、あゝいふ坊主《ぼうず》が入用だつたのサ。

今川の時にも、雪斎といふのが居つた。アレが居るうちは、今川も負けなかつたが、アレが居なくなつて、桶挟間《おけはざま》の大敗もあつたのサ。

天海も、もとは坊主でない。葦名《あしな》の家来で、アレが亡ぼされたから、叡山《えいざん》にかくれた。一体ならば、仇を報い、家を興《おこ》すのだが、それも小さいとして、あゝやつて居つたうちに、家康公は、今川に居て、坊主の事をよく見て居たから、遂に用ゐたのサ。それで、天海も居なくなつて、それから沢庵といふやうになつた。

天海の事は調べても何分わからん。少しも形跡を遺さん。実に驚いて居るよ。それでも、今に両大師と言つて、人が何となく尊んで居るではないか。法然《ほうねん》や、親鸞《しんらん》のやうに、一宗を立てる事に凝つたものでもないに、あゝいふのは、何によると思ふか。それでだん〳〵考へて見た。

注　柳生但馬は神陰流の宗矩《むねのり》。三代将軍家光のとき幕府の総目付。島原に派遣されたが任務が手に余って討死した板倉は、重昌。あとから派遣された「伊豆守」は、松平信綱。沢庵は、諸国を流浪したあと家光に仕えて品川の東海寺の開山。徳川家康は幼少のとき駿河の今川氏の人質となり、そこで雪斎の手腕をみている。天海は上野の寛永寺の開山。

東照宮のことなど

維新のはじめに大久保と三条サンから、家康の廟《びょう》をどちらにするか、日光か久能か、一つに決めてくれと言ふ。それで段々調べてみてもわからない。一体日光は、もと粗末な建家であつたのを、三代将軍の時に、御恩を返すといつて普請をした。すると、あゝいふ形勢で、諸大名から、競つて献上した。将軍が行つて見て、驚いた。これまでに立派になつては、百年もたたぬうちに、人に掘られるに相違ないと言つて、今時でいふ秘密会議を十人位で開いた。スルト、誰も何とも言はなかつたが、天海が言つた。「それは、私が考へましたが、家康公一人では、その御懸念《ごけねん》がありますから、信長、太閤の二人を合せて、一所に菩提《ぼだい》を弔ひなされたらば」と言つたが、それは行はれなかつた。

が、上野は即《すなわ》ちそれで、もと三人を祭つたものだ。そして、本尊は神秘で、実はマダラジンといふものだ。維新の時、私が開けて見て、人にやつてしまつた。ナニ、帝釈《たいしゃく》のやうな形のものサ。久能でも、維新の時まで、同じお膳を二つ宛供へたものだ。天海の遺法で、神秘だ。太閤と二人にしたものだらうが、コツチが栄えたものだから、その由緒《ゆいしょ》も知れぬ程になつた。

第一、家康の骨は、天海が一人担《かつ》いで行つて、始末したといふから、どこにどうしたのだか、わかりはしないよ。

ナニ、日光は、西洋人から三十五万円に買ひたいと言つたものがあつたのサ。それで、大久保などから、決答を迫るから、さう言つた。『調べましたところが、かう〳〵の訳で、わかりません。然し、朝廷で、どちらでも、勝手に一つおつぶしなさい。ただ、一言申して置きますが、人の古廟をつぶして、それで、活計を立てるといふのは、あまりみつとも善い話ではありますまい』と、さう言つて置いた。それでその話はヲジヤンになつた。

大久保彦左衛門は武夫《ブフ》サ。十年程前に、大久保家が困つて、代々の秘書としたものを買つてくれと言ふので、二百円出して、徳川家に買つた。それは、彦左衛門が六十になつて、初めて手習《てならい》をして、一生の歴史を自分で書いたものだ。六十冊もある。その根気には驚いてしまつた。天子《てんし》が徳川家へ居らした時、それをお見せしたら、是非にと仰せられて、それで陸軍で版にした筈《はず》だ。

それを見ると、大久保は、ひどい勤王家だ。又徳川家の来歴がわかる。なかなか一代二代の事でない。実に根柢《こんてい》のあるものだ。それを見て、私《ワシ》も実に安心して悦《よろこ》んだ。

大久保は織田が大嫌ひで、小田々々と書いて、小田の悪党がなどと書いてある。老功の士《シ》で、外のものはみな若年だから、本多佐渡の事などでも、ひどく書いてある。三代将軍が、高台に上つて見ると、サムラヒがみな日傘をきて通る。モウ、コンナになつたかと言つて、胸を悪くせられた。スルト、あとから十二三人真黒のサムラヒがどれが主従かわからないやうにして通つた。目鏡《めがね》で見ると、それが大久保であつて、大層悦んだといふこともある。

ナニ、別段政事などの事は知らない、忠実なる武夫サ。

大岡は、有徳院が紀州から連れて来られたのサ。田沼もさうだ。

有徳院は、エライ方だ。それで、コノ方の処置もそれによつた。今の家達《いえさと》も、紀州へ養子に行つたのも、両方ながら有徳院の末で、田安サ。

注　家康の廟のところ、大久保は利通、三条サンは実美《さねとみ》。天海が家康の廟に織田信長と豊臣秀吉を合せて弔おうとしたというのは、注目すべき秘話だろう。マダラジンは摩多羅神で、天台宗があがめている。大久保彦左衛門の秘書とは『三河物語』。大岡は町奉行で有名な越前守忠相《ただすけ》。有徳院は八代将軍吉宗。

田沼は意次《おきつぐ》。「コノ方」は既出の「此の方」と同じく海舟の一人称。「今の家達」は、このときの徳川本家の当主徳川家達で、田安家から入って慶喜隠居のあとをついだ。その弟の藤之助は明治十三年に紀伊徳川家の養子となる。

難局と人の性

楽翁公も善い。アノ時の一ツ橋の隠居は、智者で、なかなかの策者だ。太上天皇の事も、コチラからもちかけたのサ。さうして、翻《ひるがえ》して、己が大御所になり、十万石の高を取らうといふのサ。あの時の天子も賢明で、中山もわかつて居る。乗つたやうな、乗らないやうな風で来たのサ。楽翁公は、実にエライ所に立つた。それで殿中舌戦記とか何とかいふものは、みな一ツ橋の家来が作つたものサ。

家康が打死しようとして、馬を進めるをとめられて、やうやく帰つた。帰ると、その儘《まま》門を開けて、寝てしまつた。何といふ無邪気だ。それを策だなどといふのは、英雄を知らないのだ。何でそんな事が策で出来るものか。戦国の時は、みな無邪気になるものだ、明日の命も知れぬといふのだから、無邪気になる筈ぢやアないか。

信長を撃つといふ時でも同じサ。前から相談をしやしない。五六人で蚊帳の中に寝て居た。スルト、一人が、「もう打たうではないか」といふと、他の一人が何とか言つた。スルト明智左馬之介といふのは、余程の奴だから、「サアそれではこれからやりませう」と言つて、直ちに飛び出した。明日の朝までとも言はない。それで、流石《さすが》の信長でも、機に先んぜられたのサ。

島左近《さこん》の話をひどく感服して居るのサ。家康が関ケ原に着くと、五百人の決死の士に鞘《さや》に紙をまかせ、「今夜夜打を仕かけませう」と言ふと、諸将がかれこれ言つた、スルト、少しも論じない。「サウですか」と言つたきり、退《さが》つて、もうカタミの品を故郷へ送つたといふ。何といふ潔い話だい。今の人ならば、サウいふ時に、すべつた、ころんだと議論をするのサ。

注　楽翁公は、寛政改革の老中松平定信。一ツ橋の隠居は一橋治済で、時の将軍十一代家斉の父。光格天皇の父の閑院宮典仁親王に太上天皇の称号をおくる問題にひっかけて、自分も、将軍の父として大御所の地位につこうとした。中山は、太上天皇の称号問題で京都側を代表して江戸へ交渉に来た公卿の中山愛親《なるちか》。「家康が打死」云々は、武田信玄に敗れて浜松城に逃げこんだ三方原《みかたがはら》の戦。その次の「信長を撃つ」という話題は本能寺の変。その次の島左近は、石田三成の重臣。「三成に過ぎたるものが二つあり、島の左近と佐和山の城」。

西郷の東征のとき

西郷でも、コチラへ来る時、西京で色々議論があつた。スルト、一人見えなくつて伏見へ来た。勝と大久保が又出たさうだから、江戸へ花見に行くといふ手紙を友達の所にやつたソウナ。先生が行くといふので、ゾロ〳〵五百人程がついて来た。それが官軍となつた。己も、西郷がどうするかしらと見て居つたがスーツと機に乗つかつて出て来た。まだ〳〵なか〳〵来まいと言ふうちに、早や静岡、早や小田原とやつて来たよ。どうして〳〵ぬかるものジヤアないよ。

コノ方でも、五百人はいらない。百人で沢山だ。たいへんなホラを吹いて、大軍が寄せ来るといふから、みな出て箱根の嶮を固める。スルト、二十人も都へ入れて、大久保や山岡のやうなものをやつつけて、火をかけると、うしろ崩れをして帰つて来る。スルト、ソラ、大軍が押寄せて来たと言つて、自分で降参する。一兵を動かさないで亡ぼす事は訳はないよ。コノ方は、それを知つて居るから、十五日に進撃するといふ十四日の晩に行つたのサ。その機に乗ぜられて、つけまはされて、たまるものぢやないから、コノ方も、別の機を作つたのサ。それで、城を渡してしまつても、誰も知りやアしない。二三日経つてから、「勝が城を渡してしまつた。ひどい奴だ」と言つても、仕方が無からうぢやないか。モウ渡してしまつた後だもの。

どうして、向ふが西郷だもの、まだ仕様があるがネ、西郷は訳がわかつてるもの、安心なものサ。己はチヤント見込をつけて居たよ。ダガ、用心は用心だから、毎晩、夜半から、辻《つじ》駕《かご》でホイホイと出て行つて、それぞれ、急所々々に頼んで置いたのサ。召出したりなにかして、何を聞くものかナ。己の顔で頼むよと言つて、頼むのサ。それも、コウ〳〵だと訳を言ふと、モウだめだよ、その辺の事は話すことは出来ない。あとで、ミンナ、ハハア、さういふつもりでしたかと言つたよ。

注「西郷でも、コチラへ来る時」云々は、戊辰戦争、東征江戸攻めのときの話。「勝と大久保が又出たさうだから」は、海舟と一翁とが徳川方の中枢に位置したそうだから、の意。「伏見へ来た」はおかしいが、あえて手を加えない。

「二十人も都へ入れて」の「都」がわかりにくい。これは、もちろん京都へ兵を入れるという意味ではありえない。江戸側の話である。徳川方の軍勢を箱根まで出向かせておいて、その後方を攪乱すれば戦争をしないでも亡ぼせるというわけである。このところの大久保も一翁。山岡はむろん鉄舟。

「十四日の晩」は、有名な海舟と西郷の会見で、このとき江戸総攻撃の中止が決まった。

華族の手元

(中島謙吉来り問ふ、閣下が総理となられなば誰をお用ゐなさると)

今のので沢山サ。誰でもいゝのだ。コノ方は初めから、人を更《か》へるといふが大嫌ひだ。どれも飼ひ殺しと言ふのだ。ナニ、根本的改革といふのが間違ひだ。中島が今幾歳《イクツ》だか知らないが、二十年も二十五年も経《た》つて、それで細君を改革するかい。それ御覧ナ。改革などと言ふからいけない。

華族で、今金のあるのは少ない。細川は六十万もあらうか。加賀にはない。毛利にはあつたのだが、柏村（広沢の兄）が死んで、井上サンが、利殖をするとか何とか言つて、たうとう無くしてしまつた。

元は私の手だけで、国家有事の日には、三百万円は集まる程にして置いたのだが、今では、どれもいけなくなつて困り切る。

コノ方は、家禄といふものは、家に付いたもので、これは国家に事ある時、民の為に散じてしまふものとして、手をつけぬ事にして置くのが法だ。本家も、紀州も、尾州も、越前も、みな黄金を溜《た》めさせて置いたのが、金貨の騰貴で、たうとうなくされてしまつた。

明治十年の時などは、毎晩々々出て、十二時頃に帰つた程だ。古道具屋をひやかしたり、古着屋で買つたり、アチラにやり、コチラにやりして、平和を維持した。どうして警視などで、ゆくものかイ。

注　中島謙吉は既出（二十九年十二月七日付）。

細川は旧肥後熊本藩、加賀は前田家、毛利はもちろん長州。「柏村（広沢の兄）」の広沢は、明治四年に暗殺された参議の広沢真臣《さねおみ》で、長州柏村家の出。井上サンは既出の井上馨。前回に同じ非難があった。「本家も、紀州も、尾州も」は、もちろん徳川の本家と分家。「越前」は旧親藩松平氏。

「明治十年の時」は、西南戦争。「警視などで」とは、もと西郷系でありながら、途中から大久保利通内務卿のこぶんになって鎮圧側に廻った川路利良とその配下に、あてつけたのであろう。川路は警視庁創設時の大警視（長官）で、西南戦争のときには警察官による別働隊を編制した。

江戸の顔役たち

幕府の末の時に、この帳面（小さな横帳）を持つて、覚《オボエ》にして、方々説いて廻つた。先づ当時の世は、

大名　士大夫　物持町人　□□□
遊手　非人　ゴウムレ　博奕者

となつて居る。町人以上は、みな騒ぎはしない。その以下のものが騒ぎ出しては如何《いか》んとも仕様がない。中島などは二百両やると言つても、火をつけもすまいが、遊び人などが仕方がないのだ。それを鎮《しず》めるのに、骨が折れたのだ。

えたの頭《かしら》に金次郎、吉原では金兵衛、新門の辰、此の辺で権二。赤坂の薬罐《やかん》の八。今加藤。清水の次郎長。行徳《ぎょうとく》の辺まで手を廻した。松葉屋惣吉。草苅正五郎と八百松の主人などはそれぞれ五百人も率ゐて居る。公事師《くじし》の正兵衛。講武所の芸者。吉原の肥つた芸者でシメ。花柳寿助。君太夫。山谷の酒井屋。増田屋。神田のヨ組纏《まとい》。六七十人もある、その六七十軒は皆続けてやつた。

女では八百松の姉。橋本。深川のお今。松井町の松吉サ。剣術の師匠をした頃は、本所のきり店の後に居た。鉄棒引《かなぼうひき》などに弟子があつた。それで下情に明るい。言語もぞんざいだ。

あの親分子分の間柄を御覧ナ。なんでアンナに服して居るのだい。精神の感激といふものぢやアないか。

注　物持町人の下の空欄は、下層町人を指す言葉が入るのだろうが、どうして空けたのか不明。「ゴウムレ」は「ごうむね」つまり乞食であろう。

明治三十年四月二十二日

巌本は「午後二時、夜食後辞去。竹添井井、宇佐氏あり先づ去る」と注記し、さらに

宇佐氏等に対し語り居られしは

支那人が窃盗の事

米国 桑《さんふらんしすこ》 港にて淫売の盛んなりし事等

と前置きを付けている。宇佐は宇佐穏来彦《おきひこ》で、この直後に、北京公使館にいた中島雄宛の海舟の紹介状を貰って清国にでかけている。この日の海舟は、渡航しようとしている宇佐に、外国のことについて注意を与え、それからそれへと話が発展したのであろう。幕末フランスから金を借りるのに反対したことから、最後は敗軍の慶喜を築地の海軍局にでむかえる場面にまで及ぶ。なお、竹添井井は元外交官で漢学者の竹添進一郎、井井は号。

サンフランシスコの風紀

出稼ぎの女は、非常に多いさうな。それで、己は、先達《せんだつ》て、外国人が来た時、公然とはな

した。『アナタの国は、色々の産物があるが、日本にもそれにまけないものがあります。女です。どうです。これからまだ〳〵多くなります、どん〳〵輸出する積りです』と言つたら、「御冗談《ごじようだん》を」と言うたが、『冗談ぢやあない。然し、その代りには、アナタのお国のやうに、間男《まおとこ》する者はありません。アナタのお国で大抵の家で間男をしない者は一軒もありますまい』と、言うてやつた。

男女間の慎みは、本当は日本の方が善い。桑港《さんふらんしすこ》などにワシの行つた時に見ると、それはひどいものだ。製造場などの休みの時間には、みな淫売が来て、ソコラでやつてゐる。製造所などを見物するに、弱つてしまつたよ。それに、妻君を貸して、一時間何程で淫売させるものもある。ワシなどにも、あなた、某の妻はどうです、気がありませんかなどと周旋したものがある。

咸臨丸《かんりんまる》の水夫が、春画を持つて行つて、途中で何処かの女にやつた。スルト、或日《あるひ》、所の領事館から、己の所へ使が来て、咸臨丸の船将にあひたいと言ふ。何か出来たかと行つて見ると、みなしかつめらしいむつかしい顔をして居て、何用ですと聞くと、春画を出して言ふに、これはアナタの水夫が、某といふものの妻君に途中で無理に渡したさうな、ひどい無礼な事を為《な》さると言つて、その妻が夫につげて、それから訴へがありました、と言ふのだ。己は、直ぐにさう言つた。『サウでしたか、それは私の取締《とりしまり》が届かなかつたからの事です。如何にも不都合の事です、帰艦の上、十分に取締を致します』と言ふと、「アナタがサウ仰《おつ》しやれば、それで済みますのデ」と言うて、それで公《おおやけ》の談判が済んだ。それから別席でひどく御馳走をして大層親しい話だ。そして、たうとうあちらからサウ言うた。「これは内々の事ですが、先刻の画は、ほんとに面白いものです、どうかもしありますならば、私に一枚下さるまいか」と言うた。『それはお安いことです、船に帰つてから集めて、差上げます、先づそれまでこれを上げます』と言つて、先刻つき返されたものをやつた。裁判官が二三人居つたが、みんな私にも私にもと言つたよ。

これを取締つて、恥づかしいと思はするは、教へだ。人は、自然にはそのやうな事を構ふものぢやあない。昔は兄弟同士でやつたといふのは、尤《もつと》もだよ。宇佐などは、どうだい、隣の座敷で、うちの女をつかまへて、出来るかい。ナゼ出来ないエ。それ、御覧な、教へといふものに縛られて居るからだ。己はそれで、老子を読んで、ひどく感服した。大道廃《すた》れて仁義ありだ。

注　サンフランシスコの情景やまた咸臨丸云々は、もちろん幕末万延元年にアメリカへ渡ったときのこと。宇佐は本日分談話前の説明でのべたように宇佐穏来彦。この宇佐は、康有為《こうゆうい》の来日に関係するのだが、それは三十二年一月二日付談話と注を参照。

栗本と小栗

（宇佐氏及び他一人辞去後）

宇佐がどうして知つて居たか、栗本の事を尋ねたから、少し言うて置いたが、栗本もケチな男で、自分で伝を書いたさうなが、ウソを書いてあるのだ。失策は失策として、明らかに書くが善いぢやあないか。

仏蘭西《ふらんす》から金を借りるといふ事では、己は一生懸命になつて、たうとう防いでしまつた。もしあれが出来て居らうものなら、国家に対して何と申訳があるエ。

召出されて、長州へ使にやられる時、上野《こうずけ》（小栗《おぐり》）がひそかに己に告げた。この度《たび》は将軍より直々《じきじき》のお使ゆゑ、先方で機密のお話もありますから、私は一言だけ申して置きますが、徳川氏の経済は、とても持てません。それで、仏蘭西の方にかうかういふ談《はな》しがしてありますから、万一左様な事が話に出たならば、宜《よろ》しく取斗《とりはから》つてくれと言ふのだ。己は実に驚いた。前々よりさういふ話もあつて、私は将軍にひどく直諫《ちょつかん》して置いたが、既にその談しが出来て居た。ただハイハイとだけ言つて置いたが、もし先方で、それを言ひ出したら、ひどく困ることだと思うて居た。薩州の方では、誰だつたか、留学生の方から知らせて、チヤント玉があがつて、何もかも知つて居たのだが、さすがに通人だから、何とも言はず、その意味で懸合《かけあい》があつた。征討総督の言葉にも、慶喜に宣告して、厳刑に処すべき也《なり》とあるは、その意味を含んで居るのだ。コチラでは、厳刑に処すとはひどいなどとやかましく言うたものがあるが、実にわからんぢやあないか。

注　宇佐は前出。栗本は幕末に外国奉行などつとめた親仏派の栗本鋤雲《じょうん》だが、この明治三十年の三月に死んだ。それで話題になったのであろう。別号が匏庵で、『匏庵遺稿』がある。「仏蘭西から金を借りる」云々以下は、栗本ないし栗本が書いたことの関連で、話が展開したのであろう。「召出されて、長州へ使にやられる時」は、慶応二年、逼塞《ひっそく》させられていた海舟が軍艦奉行に再任されて上方《かみがた》へ呼ばれ、第二次長州征伐をめぐる薩摩との交渉、ついで長州との停戦交渉を担当させられたことを指す。このときの交渉については、のちに、明治三十一年十一月十日付談話に詳しい思い出話がある。

上野《こうずけ》は、巌本が注記しているとおり、小栗上野介忠順《ただまさ》で、幕末の勘定奉行。親仏派の巨頭で、フランスからの借款《しゃっかん》によって幕府を強化し雄藩をつぶして郡県制を敷くプランを構想した。薩摩はこのプランを察知しており、戊辰戦争のときに新政府側が厳重な慶喜処罰方針を打ち出したのも、この売国的プランが小栗忠順と最後の将軍となった慶喜とによって推進されたことに対する問責だ、と海舟は説いている。

親仏派

幸にして話が向ふから外《はず》れて来て、金が出来なかつた。小栗が真青になつて、ひどく困るやうに公使に言つたから、公使は茶化して笑つたさうだよ。実に国家万年の幸といふものだ。柴田や田辺などは、その時、仏蘭西に行つて、金を借りる役さ。行きだけの旅費を貰つて行つて、帰りには借りた金を使ふといふ訳だつたが、話が違つて来たので、パリーの宿屋に長滞留で、払ひも出来ず、帰れもせず、困り切つたのだ。スルト、誰かの思付きで、和蘭《おらんだ》に行つて話した所が、早速に承知して、銀行で即座に貸してくれたさうな。実にこの金で帰朝したから幸の事サ。その金は、維新後にみな己の方で返した。

小栗は、初めは大層わしをひいきにしたものだつた。然し、この借金事件から、アレも、栗本も、その一味といふものは、ひどく讎敵《しゅうてき》のやうに扱つた。栗本はその後来たこともない。

横須賀の造船所は、仏蘭西人のお世辞さ。その金を借りて貰ふといふときのお世辞さ。ナポレオンが、何の訳で、わざ〱日本に親切にするか、大体その訳がわかりさうなものぢやあないか。

仏蘭西の公使も、それから不首尾だ。〇〇〇といふ奴が、余程善くない奴だつたよ。それからシヤノワンも、初め、陸軍の教師をしたのだ。後に、日本で、その功を忘れて居ると思はれてはならんから、手当《てあて》もやり、人にも、言伝《ことづて》して、その功績を感謝して置いた。

英吉利《いぎりす》の方では、大層わしをひいきにした。維新の時も、横浜に行つて、大体を話した所が、パークスは、ひどく賛成した。その時に写した写真サ（津田仙氏の作像せし原品）、あの時は、ねむくて、ねむくてならなかつたのを、引張られて、サトウが写した。「アナタは殺されてしまふから」と言ふのサ。『外の公使へも言ふ』と言つたら、「イヤおせはしいのに、それには及びません、私から皆々へ伝へます」と言つた。

注　小栗が真青になって抗議した相手は、フランス公使のレオン・ロッシュ。柴田は、幕末の外国奉行柴田剛中。田辺は、外国奉行支配組頭だった田辺太一＝蓮舟《れんしゅう》。

横須賀製鉄所＝造船所は、幕末に小栗や栗本ら親仏派幕臣によって推進され、フランスから購入した機械を据えつけ、フランス人技師ウエルニーを所長として発足した。ナポレオンは、三世、ルイ・ナポレオン。○○は、やはりロッシュ（ロツシまたはロセス）か、あるいは字数が合わないがロッシュと親仏派幕吏を仲介した宣教師カションか。シャノワンは来日したフランス人教官団の団長。

パークスは幕末の駐日イギリス公使。サトウはその下で公使館員。のち、明治二十八年に駐日公使。巌本の注にある津田仙は後出。

幕末外交の後始末

慶喜公は済むまいぢやあないか。さういふ国を売るやうな事をして置き、又大政奉還後、外交の事は、依然、此の方にて取扱ふなどといふ書付を各国公使に渡した。それで、明治三年の頃だつた。太政官《だじようかん》から即刻出頭しろといふ呼出だ。夜中でも、構《かま》はんと言ふのだ。何事かしらと思つて、大久保一翁と同じに出て見ると、三条、岩倉、大久保など列座で、苦《にが》り切つて居る。スルト、大久保が、その書付を出して、「これはどういふものか、大政奉還の後に、かういふ書付を各国へ出して置くといふは、不都合の事ではないか、篤《とく》と引下つて協議してお答へなさい。その分によつては取計《とりはから》ひがある」と言ふのサ。一翁は謹直な人だから、恐入つてしまつた。私は一見して、『ハアこれですか、この事ですか、かういふ事がありますから、慶喜は恐入つて、恭順謝罪致しましたので御座います。それを今更《いまさら》又また仰《おつ》しやるのでありますれば、宜《よろ》しいやうにお計らひ下さい。私の方では別段御扶持《ごふち》を戴きたいのでもありません。たゞアナタガタの方で左様になさいましたのです。慶喜は恭順謝罪を致したのであります。別段引取つて相談致す事も何もありません』と言つて突返した。スルト、さすが大久保だから、さう言つた。「皆様方、勝があのやうに申しますが、真に尤《もつと》もと存ずる」と言うて、それでそのまゝ済んだ。然し、これから朝廷で、大評判だつた。勝といふものは、思ひの外の大胆ものだ、何をするかもわかりはしないといふので、それからは大層に悪《にく》まれた。

かういふ事や、あの仏蘭西から借金する事など、どれも機密の事が多くあるので、書いて置いたものもあるが、もう出しても善からうかナア。少しづつ出しても善からうか。

宮本小一は、先づ幕府では中の役人だつた。今の奏任官だ。この間、巌本さんの事を話したら、何《いず》れ私の方から伺ひませうと言つて居た。お前の金を取るやうな男ではないから、安心しなさいと言つたら、嫌な顔をして居た。さうもありませんと言うたが、大分金をためたさうなが、息子が善くないので困つてゐるよ。

注　明治三年ごろになって、大政奉還後に幕府が外国使節に出した文書のことで海舟と大久保一翁とを呼びだしたという「三条、岩倉、大久保」は、それぞれ三条実美、岩倉具視、大久保利通。
宮本小一は、幕末に神奈川奉行支配調役（百五十俵高）などをつとめたが、このとき貴族院議員。巌本の方から、どういう人かと聞いたのであろう。やはり明治女学校の基金募集に狙われたもののようだ。

将軍東帰

築地《つきじ》の薩摩屋敷を焼払ふといふ時の事サ。ひどく論じた。スルト、「お前などがさういふ事を言ふべき身分でなからう」と言ふから、『アナタ方が為《な》さらぬから申しますのだ』と言つた。スルト、「上には将軍様もあり、それぞれの役もあるものだから」と言ふから、『それだから尚《なお》言ひます』と言つた。『アナタ方は、徳川の政治と思ひなさるから、間違つて居ます。天下の政治です。それを、左様なぬるい考へで済みますか。第一将軍様から間違つて居る』と言つたら、大層怒つて、「もう聞きずてにならん、上様の事まで左様に言ふ以上は、吾が役目に対しても済まされん」と言ふから、『役目を重んずればこそ、私でも申します。第一、私共如きでも、徳川の役人だと、お思ひなさるから間違つて居ます。矢張り天子の役人であります』と言うたら、いよいよ怒つた。スルト、〇〇が己の肩を叩《たた》いて、マア〳〵と言うて、アチラへ連れて行き、ひどくなだめた。「お前さんの言ひなさる道理もあらうが、徳川の政治が、さう早くつぶれるものでもありません、それぞれの訳もあるものだから」と言つて、大層なだめた。「マア当分遠慮して、引込んで居なさい」と言ふから、『ナニ、引込め位ですか、腹でも切れと仰しやれば善いのに、引込む位は何でもありません』と言うて、うちへ帰つた。それが暮《くれ》の事であつたよ。

それで引込んで居ると春になつて、正月の何日であつたか、急に海軍局の奴が来て、「軍艦が帰つて来ました、どなただか知れないが、大切のお方がお着きになつたといふので、大層騒いで居ます。是非出て呉《く》れろ」と言ふから、『己はしくじつて引込んで居るのだから、いけない』と言うて出なかつた。少しすると又一人飛んで来て、「上様がお帰りになつたのだ」と言ふから、『上様でも誰でも己の出る幕ぢやあない』と言ふと、「イエ、上様がお着きになつた、是非安房を早く呼べといふ仰せだから、何でも一ツ時も早く来て呉れろ」との事だ。『それぢやあ行きます』と言うて、出た。まだ、しくじつて七日も立たんうちだから、馬を売らうと思つても、まだ売れないで、うちにあつたから、それを飛ばせて行つた。後から、餅でも持たせて来いと言うて出た。

スルト、みんなは、海軍局の所へ集つて、火を焚いて居た。慶喜公は、洋服で、刀を肩からカウかけて居られた。己はお辞儀も何もしない。頭から、みなにサウ言うた。『アナタ方、何といふ事だ。これだから、私が言はない事ぢやあない、もうかうなつてから、どうなさる積りだ』とひどく言つた。「上様の前だから」と、人が注意したが、聞かぬ風をして、十分言つた。刀をコウ、ワキにかゝへて大層罵つた。己を切つてでもしまふかと思つたら、誰も誰も、青菜のやうで、少しも勇気はない。かくまで弱つて居るかと、己は涙のこぼれるほど歎息したよ。

注　幕府が築地の薩摩屋敷を焼払ったのは、慶応三年の末。この報が上方に伝わって翌年早々の鳥羽・伏見の戦争となった。海舟の肩を叩いた〇〇は、誰か断定できない。
徳川慶喜が大坂《おおさか》から軍艦開陽丸で逃げ帰ってきたのは、正月十一日夕刻品川着で、翌十二日朝上陸した。この光景は実に印象的だが、注の必要はあるまい。

明治三十年七月七日

前回から二ヵ月半を経過しているが、その間、特記するほどの大事件は起っていない。しかし、海舟が肩入れした松方内閣は、依然として先行き不安であり、外交・国内経済、共に解決の方向を見出せない。海舟は日清戦争をやったのがいけなかったのだという説を今回もくりかえしている。また、各地で頻発している同盟罷業のことなども、話題となっている。

巌本の注記によれば、聞き取りは「午後二時半—七時」。なお、冒頭で巌本が「両陛下西京より還御《かんぎょ》の延引」と切りだしているのは、天皇・皇后が、四月からずっと京都に滞在しているためである。

西　京

——両陛下西京より還御の延引遊ばさるゝは何か訳のあることですか。

お附きの者はみな還りたがつて居るさうな。両陛下は、東京で訳もわからぬことに面倒ばかりかけられるから、西京の方がお宜《よろ》しいだらうヨ。然し、お附きの者は、手当《てあて》というても少なし、東京の方が住居が好いから、還りたいのだらう。少しお附きを変へでもしたら宜《よ》からうに。

――頼朝以来、府を鎌倉に開いたものが、帝室をそこに迎へなかつたはどういふわけでせうか。

別に必要が無いからサ。いりはしないよ。

――今の両陛下も、少し長く西京にお留りの方、宜しいやうに思はれます。

お留守《るす》でも、誰も何とも言はないやうだ。然し、キメルト悪いから、マア段々にして、西京にお出《い》でが好いと思つてゐる。御喪中《おんもちゆう》ではあるし、今年一ぱい位、お出でかも知れぬ。

――誰か申上げたるならんと思はれますが如何《いかん》。（暗に先生に問へるなり）

誰も申上げるものは無からうな。みな、お附きは還りたがつて居るさうな。横井も来て、ソウだと言うた。武家の時でも、帝室と一処になると、面倒な手数ばかりで、西京のやうになるからナー。

陛下でも、おわかりになれば、お嫌だらうヨ、悪い事といふと、みなおかぶせ申すのだ。そして、逃げてしまふのだ。公家でも、初めは西京へ行くのを悦《よろこ》んで居つたものもあるが、今では、嫌がるよ。その仲間で喰へないものがアチラに居つて、これにねだるからダ。

注　西京云々は、前述のとおり天皇が京都滞在中だった。「御喪中」は、この年一月の英照皇太后死去。横井は、既出の同志社の横井時雄。

徳川時代

——幕府の時、年貢《ねんぐ》も増さず、新税もかけず、よくも段々増加する政費を支へたものです。何によつてソウ出来たのですか。

実にわからないよ。

——収入は段々増したのですか。

少しも増さなかつたナー。水野の時はマア外交の事が切迫して来て居たのだが、田沼の時は、余程むつかしかつただらうに、よくしたものだ。

——水野の時は、実際金が溜《たま》りましたか。

金のなまこ板が二十六、銀が十幾つといふもの出来た。随分ひどく取締つたが、実際の工合は、をかしいやうだつた。遣物《つかいもの》でも、塩がま一つが一番小さかつた、代は十六文位のものだが、その下に銀が五両宛張りつけてあつた。

八百善や、八百松の料理でも、五寸の重箱二つの料理が百五十両より二百両位のものが出来た。みな選《えり》ぬきの珍しい新しいもので仕《し》たよ。鯛《たい》の目の下の肉ばかり取つて、吸物落しにする。菜のひたしでも、炭火の室《むろ》で、ハシリをつくり、その上、その丈《たけ》をそろへたものだ。小皿一杯に少し入れても、三四両だ。蒲《かまぼこ》でも、鳩の目の下の肉ばかりで、三十羽もつぶしてこさへる、ケチナ蕎麦《そば》饅頭《まんじゆう》が、小豆《あずき》や蕎麦粉に手をかけて、一つ何両といふものだ。八百善の亭主が、己にマグロのさしみを出したから、ケナシたら、講釈して聞かせた。ものさしではかると、一分《ぶ》一厘《りん》少しも違はぬ程、みな同じで、その切つた角が、シヤンとたつて居た。そんな料理人は、江戸一、日本一といふものだつた。

鰻《うなぎ》にしろ、出があつて、どこの鰻といふものがある。くろうとは、それをよく知つて、混りがあると、評するから、料理人の方でも、こはがつて、ひどく料理に骨を折つた。今の客は余計にさへして見せれば、賞める、芋《いも》ツ掘《ぼり》だと、八百善の亭主がよく言つた。ごく粋な客は、珍しい品といつて賞めぬ。普通の品で、料理の善いのを賞めるさうな。

——幕府の目付《めつけ》といふものは、実際効がありましたか。

みな方正のものを選んだから、なかなか厳重だつた。

——賄賂を取る者もありましたか。

それは無かつた。外の役人でも、さうだ。取る〳〵といふが、よく調べて見た所、案外だ。みなお留守居が、金を余計につかふから、さう書出したものだ。ホントには、さう取つたものでない。大名からは、勿論役の定《き》まりのやうにして取つたものだ。中間《チユウゲン》などは、博奕《ばくち》が好きなものだつた。バクチをゆるせば、給料はいらぬといふて来た程だ。旅などしても、中間折助が宿やをゆすつて困るが、バクチを許してやると、少しも左様な事はしない。商人などを引込んで、取つてしまふのだ。ヲレは、始終伴《とも》には、バクチを公許してやつた。

徳川では、ヒドイ厳禁で、家が断絶するほどだつた。それでも旗本などは、実に上手だつた。ワシの家のグルリなどは、みなバクチばかりして居たが、ヲヤジが嫌ひだつたせゐか、ワシは幼い時から、ごくキライだつた。従弟《いとこ》に大変上手なものがあつたが、そのくせ人がいゝのだ。実に変なものだよ。大きな茶屋などが、どうして成立つものか、ヲレには、実にわからん。然し、よく聞くと、花（バクチ）ださうだよ。船やどの亭主など実に上手だつた。

——船やどの亭主は、金持ちでしたか。

金は無い。ホンノはでなものだつた。それに、お役をいひつかる者だつた。

——警察ですか。

マア警察のやうなものだ。今の水上警察かナ。

——お札《ふだ》さしはどうでした。

これは金があるが、家数に限りがあつたからな、これも、お役をいひつかつた。先づ旧《ふる》い家は、小田原屋だ。二代目は知らない。徳川さまより旧いと、よくさう言うたよ。徂徠が、田沼の用を聞いて居る時に行つて、書いたものと、大石が書いたものとがあつた。大石がお出でになると、女などにふざけて、つまらない御家老だと思つて、書いたものも、ムダにしたが、一枚だけ残つてゐます、惜しい事をしましたと、ソウ言つた。池上も旧い。熊谷《くまがや》辺には、応仁の乱の時、逃げて来て、帰農したものが多くあるさうな。

注　「水野の時」は、老中水野忠邦の天保改革。「田沼の時」は、江戸中期田沼意次の時代で、積極的経済政策で知られる。ただし終りに近く「徂徠が、田沼の用を聞いて居る時」という関係はありえない。荻生徂徠が仕えたのは柳沢吉保。続いて出る「大石」は、忠臣蔵の内蔵助良雄。

徳富蘇峰

徳富が来たよ。何処に行つても、日本人ほど、議論するやかましいものはありませんと言うて居たつケ。あれも、モウやかましいことはやめるだらう。

——出ますか知ら。

出られまいヨ。出ても何も出来やしない。横井も来たが、マー行けさうだと言うた。二人ともさうだ。議論ほど易いものはない。お前方の言ふやうな理窟は、一寸《ちよつと》考へても直にわかる。実事に当ると、ソンナ易いものぢやあないと、サウ言ふのサ。

誰でも、自分でしたがつて、それで出来ぬが、どうしてもせずに居るといふ事は、前に余程やつた後でなければ、出来ぬものか知ら。実にわからない。同志社なども、ドウセ立行かないよ。田舎に大きな地面でも買つて置いて、万一の時の用意にしたら宜からうと言うた。小崎は善かつたのだが、どうしてサウなるか。何でも、長く人の上に立たうとスルト、さうなるやうだ。上に立つといふのは、なかなか出来んものだから。横井なども、善い加減にして、早くやめて帰るが善いと、サウ言うてやつた。京都大学の教師にでもなりやしないカネ。

注　徳富蘇峰は、欧米巡遊から帰ってきた。「出ますか知ら」「出られまいヨ」は、官途につけるだろうかという問答だが、蘇峰は、この翌月に内務省勅任参事官に就任して、言論界から「変節」だとの非難をあびる。

再出の横井は、やはり時雄。この年四月、小崎弘道が同志社社長を辞職、代って横井時雄が三代目社長となっていた。海舟は、二十九年十一月三日の談話にあるとおり、同志社はもう駄目だという意見である。京都大学は、この年六月創立。

大機会を誤まる

――維新後、大機会をあやまつたといふことは、何ですか。

十年の西南戦争と、今度の朝鮮征伐サ。然し十年の時は、まだ善かつた。アレデ、かうなつたといふものもまだ無かつたが、今度は、皆がソウ言うて来るやうだ。どつちも勝つたものだから、実にいけない。もとよりドレといつて明らかな事もなし、ヅル〳〵だが、どうせ、これでいいと思ふ高慢がみンナいけないのだ。

――大久保さんと、西郷先生が居られたら、今少しは宜しかつたでせう。

サウサ、どうしても、もつとわかつて居たからなー。然し、兎《と》に角《かく》、王政復古三十年やつたのは、大出来だ。マア伊藤サンは、かはいさうだ。中では、マアあの人が一番悧巧《りこう》だものだから、したのだが、それでみな失敗で悪く言はれる。元来御《ぎよ》することが出来ず、制せられてしたのだから、あれより外はないヨ。近頃はやかましい議論もなし、威張る人も無くなつたやうだ。新聞屋も種なしかナ。

――近頃は労働問題で、職工の同盟罷工の事ばかり、言つて居ます。

それは価を上げてやれば善いのさ。上げてやると、雇ひ手が無くなるから、仲間からくづれて来るのだ。芸者もソウいふ事だから、矢張りセンコウを上げてやつたら善いだらうと、人に言うて置いた。飛乗《とびのり》が好きで乗るが、新橋まで七八銭。アチラから十銭だ。法外な事は言はぬヨ。三銭もましてやるとヒドクお礼を言ふよ。

（切抜《きりぬき》新聞に見ゆる、小幡造次の事を問ふ）

まるでウソだ。少しも知らない。この頃はウソばかりだ。

――金沢から、人が出ないやうですな。

出ない。今では、大学から二三人書生が来る。南郷も時々来るよ。

――昨日枢密院へお出でになりましたか。（新聞にあり）

出ない。何もアリヤアしないよ。十一日でしまひだといふことだがネ。

――銚子へ居らつしやいませんか。

どうも、盆の前になると、一円二円と貰ひに来る人が多くて、一日でもあけると、あとで大層困るからネ。この頃は、余程ヒドクなつたやうだ。畳を抵当にして、僅かばかり借りるのださうなが、ドン〳〵平気で取つて行くさうダヨ。

（補）

政府も人民も悪いのだ。これからは、人民がソウ政府ばかし頼んで責めるといふが、間違《まちがい》なのだ。

「一陣風」もこさへかけたが、やめてしまつた。コツチが仲間になりさうだからネ。党などと言つて、自《みずか》ら団結して、それで党の中から、コワスのだ、何たる愚の事だ。

注　「今度の朝鮮征伐」は、明治二十七、八年の日清戦争。「大久保さん」、ここは大久保利通。「伊藤サン」はむろん博文。

労働争議は、この年に急増。また、四月には職工義友会が労働演説会を開催、七月四日、労働組合期成会の発起人会が開かれている。「飛乗」は人力車、流しているのを路上でつかまえて乗るのをいう。「切抜新聞に見ゆる、小幡造次」は、残念ながら、どの新聞の記事なのか探し出せなかった。何についての話なのかも不明。切抜新聞は、明治の流行で、新聞の連載読物などを切り抜いて貼り合わせ長くつないで一巻としたもの。ここの情景を想像してみると、海舟もつくっていたらしい。

南郷は、加賀出身の貴族院議員南郷茂光。

（補）は、巌本が『海舟座談』に付したもので、今回の『海舟語録』編者によるものではない。

明治三十年七月十五日

前回から約一週間後。さすがに時事的話題は少なく、海舟の昔話が大半を占めている。「午後三時半―六時半」となっているが、時間はともかく、筆記録の分量は、巌本の聞き取り一回分としては最も多い。長崎の海軍伝習のころの思い出、さらにさかのぼって蘭学塾時代や大砲を作る話、また下って四国連合艦隊の下関砲撃を延期させる交渉など、奔放自在である。

幕末の学者

――今日は盆でおせはしいかと思ひました。

昨日までひどくせはしかつたよ。金があればさうでも無いが、困る処だからネ。昨日などは、実に弱らせられてしまつた。

――旧幕の方々で、お助けになる方は段々減りませう。

追々《おいおい》減つて、しまひに死にたえるのだ。

――向山さんも、危篤ださうですナ。

隣りからサウ言うて来たから、ごく懇意にもしたものだから、見舞に行つてネ、心持を変へなければならぬと言うた処が、大層喜んだが、その後聞くと、大分よくなつたさうな。二週間程食が通らなかつたのが、少しづつ這入《はい》るやうになつたさうだ。余程丈夫で、百までも生きる積りだと言つたのだがネ、胃病ださうな。

——何か、国の事でも憂ふるといふのですか。

ナニ、もうソウいふことは思やしない。今では、千駄ケ谷の方の小供や、親類の子で三四人に教へて、年に二百円か三百五十円か貰ふのだ。

——幕末の学者で、マアわかつて居たのは誰ですか。

どうしても、矢張《やは》り、一翁だ。律義《りちぎ》すぎて融通は出来ないが、誠実であるし、ひどく考へるものだからネ。加藤弘之、神田孝平なども、元を知つて居るものだからネ。一分《ぶ》位づつやつた時からだから。コチラでサウ扱はないものだから、大家になると、来やしない。鈴木は、歌を教へて、二十円位づつは這入るさうで、反《かえ》つて、息子の方に助けるとか言つて、泣言を言ふよ。然し、外には決して借金もしないとか、タヾコチラだけへ言ふのだと言うて、折々二十両位宛借りに来るから、返しなさんなと言うても、返しに来る。五両位入れてネ。如才《じよさい》ないから、ソウして又二十両位借りるのサ。

——○○は、自分で溜めて居るやうです。

アレハ、金があるやうだ。前は、十両位づつ出して、遅いけれど色々調べ物をさしたのサ。近頃でも、盆、セツキに、五両位づつ、煙草代にと言つてやるのさ。この間は、仙台に行くと言つて来ました。今年は、払込で、大層困る。公債があるから、それを売つて払込むといふのですナ。困るから、今年はやめようかと思つたがネ、五両三両の金でも、向ふでは待つて居るものだからネ。矢張り、やらなければならないよ。

注　巌本の質問にでてくる「向山さん」は、旧幕臣で漢詩人の向山黄村。幕末には、目付や外国奉行などをつとめた。この明治三十年の八月に死去。「千駄ケ谷の方」は既出のごとく徳川本家を指す。「どうしても、矢張り、一翁だ」の一翁は、既出の大久保一翁=忠寛。加藤弘之、神田孝平は、ともに、洋学者として旧幕府に仕え、維新後明治政府の高官となった。鈴木は、旧幕臣の歌人鈴木重嶺であろう。巌本の質問に、自分で金を溜めているようだという〇〇は誰か断定がむつかしい。

学者の生きかた

——木村は、福沢サンを家来につれて行つたさうですが、アレハ一緒にいらした時ですか。

ソウサ。

——福沢は御存じなのですか。

諭吉カへ。エー、十年程前に来たきり、来ません。大家になつてしまひましたからネ。相場などをして、金をまうけることがすきで、いつでも、さういふことをする男サ。

——ペルリなどの談判の頃、林大学を出したのは、アレはどういふ所からですか。

アレハ、岩瀬肥後が乗せたのサ。アーいふやかましやだから、条約の談判に出した所が、むつかしくて、うまく行かぬものだから、それからは林もやかましく言はなくなつた。どうして、大抵の役人は、林家の弟子であるし、大切な事は、林家に下問するといふことになつて居たから、余程の勢力だつた。何ぞといふと、建白なんて、実にやかましやだよ。

――中村敬宇先生などは。

アレハ、ズツトあとで、瓦解《がかい》の時には、関係はない。帰つてから、アレと古賀とを呼出して、用ゆるといふ事になつた。中村も、出ないといふのだ。井上が、外国の事に付いて用ゐたいと言ふのだが、出ないと言ふので、己にすゝめてくれと言うた。それでス丶メて、出ないのなら自分で行つて、井上に断りなさいと言うたら、自分で行つて、帰りに寄つて、「実に、ア丶いふ人等がゐるか」と言つて、驚いて居た。二百円宛かしら貰ふといふのだ。スルト、直に江戸川の地面など買つた。わからない男だよ。後には、勅任にしてくれなどと言つて来て、よわらせたよ。何分わからないのでネ。木村も、オヤジが浜御殿の掛りで、大層金をためた。その方へ行つて、本を余計に読んだものだから、議論家で、やかましい男だつたが、監察になつてネ、議論のやうにいかないので、それであんな風になつてしまつた。

注　巌本の質問に「木村は、福沢サンを家来につれて」とある木村は、木村喜毅＝芥舟で、この話は、木村が軍艦奉行として、軍艦操練所教授方だった海舟らと共に咸臨丸で渡米したときのこと。福沢諭吉は木村喜毅の従者という資格で咸臨丸に乗り組んだ。

ペルリの談判のときの岩瀬肥後は、そのとき目付で海防掛をつとめていた岩瀬肥後守忠震《ただなり》。林大学は、大学頭の林煒で、米使応接掛。このころ、奉行・目付・儒役の三者で応接団を構成する例がある。

中村敬宇＝正直も、旧幕府儒官の経歴をもち、幕府から渡英し、瓦解後に帰ってきた。東大教授・元老院議官などつとめ貴族院議員に勅選された。古賀は、やはり幕府の儒官だった古賀謹一郎。古賀は、新政府出仕を断わりとおした。

中村敬宇が会いに行った井上は、既出の井上馨。

終りのところにもう一度出る「木村」も、木村喜毅で、「監察」は、目付。木村は、目付から軍艦奉行並、軍艦奉行と進んだ。

幕末の賢公

——安藤対馬守《つしまのかみ》は、どういふ人でした。

丁度、蜂須賀サンのやうだ。よくわかつた大名だ。○○が一万石で、利巧で、骨を折つたものだけれど、何ぶん断《だん》がないものだから、アレ等でも時がよければ名宰相だけどネ。

——阿部伊勢守と斉彬公とはよく打合せたものゝやうに見えます。

阿部が島津にたよつたのだ。大事といふと、ひそかに島津に計つたものだ。それに、西京の方は引きうけますと言うて、斉彬公が引きうけた。一翁も役所へ出てさう言うたよ。実に、アノ間は、西京の方からは何とも言はなかつたからネ。阿部は、全く開国家で、それに水野のしちらしたあとを受けたものだから。なかなかよくわかつた。どうしても大きかつた。

——岩瀬や川路は、蘭学は出来たのですか。

岩瀬は出来ない。川路は取りたてものだから、どうも、人が悪くてネ、こすくてネ。

——廃帝論なども、川路が言ひふらしたといふぢやありませんか。

アー、水戸にたよつてゐたものだからなア。

この間、金子堅太郎が来て、黒田の伝を作るから、材料を聞かせてくれと言うた。「アー出来ては居ますが、どうもまだいかないから、補ふのだ」と言うた。何処で聞いたものか、アナタは機密の事で会合などなすつたから、伺ひたいと言うた。もう二十年役人をしたから、引込んで書くと言うたよ。

——黒田さんは斉彬公と親類でしたな。

ソウださうな。知らなかつたが、ナンデモ、従弟《いとこ》かしら。実に西洋好きで、急に改革しようといふのだ。マア、蘭癖といふのだ。ワシはひどく懇意にした。幕府ものが、アーいふ所にゆくと、家老の次の取扱《とりあつかい》でお出入りといふのだが、それではウルサイから、別懇の取扱で中の口から上つてすぐに奥へ通ると、外の女は居ないで、お妾の肥つたのが一人給仕をした。いつでも、カウさしむかひの話さ。手紙でも何でも自筆で、女の用のやうにして、秘密によこされたのだ。金子が是非にと言ふので、この間、大急ぎで反古《ほご》をさがしたら、手紙が三本出た。いゝものが出たよ。

（此の書公の自筆にて、甚だ鄭寧《ていねい》の認めよう、麟太郎様、福岡とあり。或は宛名なく、別紙としたるものあり。兵器銃砲製作の事、或は地雷火の事の反訳文を珍重し、これを伯に見せるとの事。又は、先達《せんだつ》ての注意を謝するとの事。国産牛革三枚呈するとの事。臣下には秘密。又はかくかくの手段にて布令改良せしめたりなどの事あり。文字むしろ拙、雄健のたちにあらず）

改革の事などでも、『アレハもう少しお延ばしなすつたらどうです』ナドと言ふと、「それではサウしよう」などと言はれることも、度々《たびたび》あつた。何分、急に、西洋風にしようといふ方で、順聖公のやうではなかつたよ。

注　安藤対馬守は、井伊直弼が斬られたあとしばらく幕政の中枢にいた老中の安藤信正。「蜂須賀サン」は、旧徳島藩主の蜂須賀茂韶《もちあき》で、このとき第二次松方内閣の文部大臣。〇〇〇は小笠原長行が唐津藩世子のままで老中格として役米一万俵を受けた事実があるので、小笠原かとも思うが、断定はできない。阿部伊勢守は、ペリー来航時の老中阿部正弘。斉彬公は既出の島津斉彬。「水野のしちらしたあと」の水野は、天保改革の水野忠邦。

「岩瀬や川路」の岩瀬は前出。川路は旧幕府勘定奉行などをつとめた川路《かわじ》聖謨《としあきら》。黒田は旧福岡藩主だった黒田斉溥《なりひろ》＝長溥。薩摩島津家の生まれで黒田へ養子に行った。明治憲法を起草した金子堅太郎は福岡藩出身である。順聖公は島津斉彬の諡《おくりな》。

長崎海軍伝習

――長崎に居らした頃の事ですか。

アーさうサ。

長崎の伝習所へ居る頃など、始終目付《めつけ》と、その下役とが一々取締るのだ。それで、此の方などは、蘭人と話をする時は、その下役が横に付いて来て居ると、ひどく目付の悪口など言うてやる。通詞《つうじ》がまご〱して訳さないと、訳さなければ、己が片言で言うてしまふぞとおどかしてやるのさ。だから、今日はだれだ、マタ勝かと言うて、恐れてしまひには付いて来なかつたよ。木村が奉行の時、「航海のけいこが、サウ短くて、直に帰つて来るやうでは、宜《よろ》しくない、もつと遠くまで行つたらドウダ」と言ふから、『ソウですか、それではサウ致しませう』と言つて、木村を乗せて、今日は遠くまで行くのだと言つて、ひどい目に合せてやつた。風が立つて、波が荒いものだから、木村が「コ、は何処だ。もう帰つては」と言ふから、『どウして〱、此処《ここ》はまだ天草から五六里です、これからズツト向ふまで行くのです』と言うたら、「モウヨイ〱」と言つて、大層へどをついたよ。

〇〇〇が奉行の時もソウサ。やかましく言ふから、甲板の上に床几《しょうぎ》を置いて、それに腰かけさせて置いたら、イヤ引つくり返つて、頭から血を出すやら、大さわぎサ。ソウサ。伝習所には、三十人も居たよ。それは幕府から遣《つか》はされたものサ。藩々から来たものは、傍聴するので、中には願ひを出したものは質問もした。それ等は、ヲゴツタものサ。佐野がその頭取だつけ。毎日八時から十時、二時から四時と二度づつ学科があつて、学科が六つサ。航海、測量、帆前船《ほまえせん》、算術、地理、天文、といふやうな工合サ。それが、教師がボールドにかくのを、通訳が反訳するのさ。筆記もさせない、暗誦サ。そして、翌日は、前日のを聞くのだ。それで、三十人の中で、出来る者は少ない。ソコデ年長のものなどは変つて、若いものになつた。そして筆記をさせることになつた。

ワシは、二ケ月程すると、話も出来るやうになつた。聞くことは前から出来た。かはりの時に、己は頭取《とうどり》にせられて、任せるといふことになつた。奉行が、書生の取締《とりしまり》をやかましくしていけない。木村などは、門に錠をかけるのサ。それで、皆が困つて、夜になると、塀《へい》を越して行く。中には、松の木に、船に遣《つか》ふ綱をかけて、ブラ下る。スルト、榎本だつたよ。己は、塀の上の忍びガヘシをコワして、夜大変な音をさせて、大騒ぎになつたことがある。己は、ソレで、夜自分が出るのだからと言つて、錠をあけさして、叩きこはしてやつた。木村に、おさう言うたのだ。『技術が出来れば、ソレで善《よ》う御座います。学が出来るか出来ないで、お責めなさい。ソンナ、小節でかれこれ言ふ可《べ》きものではありません』とひどくいぢめてやつた。

〇〇〇〇の奉行の時も、さうさ。夜、ワシ等が天文を見て居ると、その下役等が、まねをして、塀を越して遊びにゆくのだ。それで己が奉行にかけ合つて、『アナタは、書生ばかりが遊ぶやうに言うて、不取締のやうに仰《おつ》しやるが、決して書生等ばかりぢやありません。もし、御用なら、引捕へて出しませうか』と言つたら、実は困るのだ、お前が穏便《おんびん》にしてくれと言うたよ。

然し、己は女郎買はしなかつた。それで治《おさま》つて行つたのだ。教師などは、士官をつれて、バッテーラで丸山へゆくのだもの。

注　「長崎に居らした頃の事ですか」という厳本の質問は、前に続いて黒田とのつきあいについてだろうが、これをきっかけに海舟の話は、長崎海軍伝習に移る。長崎の伝習は、長崎在勤の目付を監督者とし、その下で海舟らがオランダ人教官から指導を受けた。「木村が奉行の時」の木村は、前出の木村喜毅で、このとき長崎在勤の目付。したがって、この「奉行」は、長崎奉行などの意味ではない。さらに補足しておけば、長崎在勤目付として海軍伝習の監督に当った最初の人物は、永井尚志。木村は二代目で、永井と木村が交代するときの短い空白期間はやはり長崎在勤の目付だった岡部長常がつとめた。この岡部が、海舟の長崎滞在中に目付から長崎奉行に転じているので、それが海舟の話を混乱させているのかもしれない。「佐野がその頭取だつけ」の佐野は、佐賀藩から派遣されていた佐野常民。常民については既出。「バッテーラで丸山へゆく」のバッテーラはボート、丸山は丸山遊郭。

ソレデ、勝は乱暴で困る〳〵といふ評判が大変だつたよ。然し、ワザは出来るといふ評判もあつたのだ。アレデ、よう追ツ払はれなかつたものだよ。一翁や岩瀬などが引きで出したからか知ら。それに、阿部伊勢守が、蘭学者を雇ひたいといふ処が、その頃は、モウ諸家にかゝへられて、誰もないといふので、ワシの処の塾頭の杉亨二が、二十人扶持《ぶち》で抱《かか》へられた。杉は、長崎でアンマとりをしてゐたものだ。長崎の酒屋の孤子だ。江戸へ来て、学資がないといふので、己の所へ来たから、己は困るから、一分《ぶ》しかやれないよと言うたら、何でもいゝからと言ふので、一分やつて、塾頭をして居たのだ。ソレデ、アンマの末だと言うて、人が嫌つて居て、用ゐられなかつたのが、二十人扶持になつた。此の方よりは上サ。阿部の方から、お前に不自由をかけるが、お前さへ承知なら、明日から雇ふと言うて来たから、『善いも悪いもない、人の出世のことだから』と言つて、直にやつた。ソレデ、杉も居るしネ。マンザラ泥棒だとも思はなかつたからだらうよ。

エ、塾かエ。みな砲術などを習ふと言うて来たのだが、せはしくて、教へることも出来なかつたよ。初めは、グラムマチカ、などを、半分位教へたこともあつたがネ。ナニ、一分づつもつて来ると言ふのだが、もつて来たものは少ないよ。

その頃は、どうしても出ないと言つて、出なかつたものだ。諸藩から、大砲の製作を頼まれてネ、大層こさへたよ。十二斤の野戦砲一つこさへると、六百両もかゝるが、スルト三百両位礼をとるのが常であつた。築地の川口で、増田といふがあつて、二軒の内の一軒にさせたのだが、誰やらからの頼みで、三つこさへた時に、六百両包んで持つて来たから、突返して、ひどくいぢめてやつた。三日ほどスツタモンダして、人が這入つて、あやまつて、漸《ようや》くまたさせた。幕府では、勝が大砲をこさへて、大層金をとるといふ嫌疑で、隠密《おんみつ》が這入つて居たのが、コレデ、ビツクリして、何だか余程変な気違ひだと言つて、それから信ぜられた。

神奈川の台場も、松山藩のモチでこさへたのだが、ワシが図を引いた。八万両もかかるといふのを、四万両でこさへた。馬だけ貸して下さいと言つて、毎日乗り切つて行つた。何も入費はかからせなかつた。キタない小さな家に居つた。それで、金はとらないものだから、余程変な奴だと思はれて居たらしいよ。

ダカラ、阿部なども、信じて居つたものと見えて、下からは色々に言うただらうが、マア不思議に追払はれずに済んだのサ。それから、江戸に帰つて（長崎より）、軍艦奉行などといふものになつたのサ。

外国から船が来ると、長崎に寄つて、出嶋《でじま》の和蘭《おらんだ》領事館へ寄り、日本の形勢を尋ねるのが、例であつた。スルト、教師もワシも、一緒にテーブルによばれることになつて居た。それだからごく懇意で、向ふも、日本の形勢をワシに一々尋ねた。ソウいふ工合だから、船が来る度に、コンドの用向《ようむき》は、コウいふ訳だといふことを、飛脚《ひきやく》で江戸に言うてよこす。昔のことだから、急いでも、五日もかゝつたよ。スルト、阿部から、それは困るから、何とか変へてくれなどと頼んでよこすこともあつた。スルト、話にして、『アナタ方、今度さういふことを談判なすつた所が、江戸の奴等には、とてもわかりはしません。モツと先になさつたらどうです』などと、儀式ばらずに言ふと、向ふでも、「それぢやあ、さうしませう」などと言つて、やめたこともあるよ。ソンナ工合で、私は大層必要な人になつた。魯士亜《ろしあ》の船が、セバストポールから来た。アノ時サ。大層船を痛めて、日本は中立だから、入れて直すことも出来ない。魯士亜人が来て、どうしませうと言ふから、それは私にお任せなさい、やつて見せると言つて、奉行にさう言つた。魯士亜のコワレ船が来たから、幸の試験に、ワシが一つ叩《たた》きコワシテ見ませうと言うて、それから、天草辺から、木を切り出して、修繕してやつた。魯士亜人は、大層喜んだよ。ソウいふ工合で、それから後も、西洋人の方とは、ごく懇意になつた。

注　杉亨二が海舟のところの塾頭になったのは、長崎海軍伝習の前、無役だった海舟が江戸の赤坂田町中通で蘭学塾をひらいていたときのこと。その後、杉は、談話中にあるように、海舟の口ききで阿部正弘に抱えられた。
塾のころの思い出のうち、大砲を作るときに賄賂を断わった話は有名。これが、海舟登用のきっかけになったといわれている。なお老婆心ながら、塾のこと、大砲のことなどは、長崎の話の途中から、阿部と杉との関係で江戸の塾のころにさかのぼってしゃべったのであって、「ダカラ、阿部なども、……」のところからまた長崎のことに戻っているのに注意されたい。しかも、また、江戸に帰るという言葉をはさんで、「外国から船が……」とやはり長崎時代の話を続けているので、さすがに巖本もわかりにくいと思ったらしく（長崎より）という注記を入れている。さらにまた、こまかなことを咎めれば、長崎から江戸に帰ってすぐに「軍艦奉行」になったわけではない。間に咸臨丸による渡米などがはさまっている。「魯士亜の船が、セバストポールから……」は、クリミア戦争にからむ。

四国連合艦隊

下の関の砲撃の時も、行つて、八ケ月延ばさせてやつた。アノ時は、西京から命じられたのだ。容堂とか何とかいふ参与などが居たよ。それで、長崎に行つてネ、アレハ魯士亜《ろしあ》と英吉利《いぎりす》と和蘭の連合さ。和蘭が主で、外は助けたのだ。ソレデ行つて、話したのサ。『アナタ方は、ソウ真向《まむ》きに怒りなさるけれど、日本人はとてもさうわかつたものではありません。この間まで、アナタ方には、カ丶トがないので、板をくつ丶けて歩いて居るのだと思うて居ました位のものです。元来、わかりはしません。それに、長州でも、西京でも、今は騒ぎで、何としても、どうもなりませんから、モウ少し延ばしなすつてはどうです。それで、アナタ方が大砲でも向けて下さると、それから刺激となつて、ごく好いです』と言ふと、成程ソウデスか、それも尤《もつと》もだと言うて、八ケ月延ばすことになつた。それで横浜の領事などには、アナタから言うて下さいと言ふから、帰つて来て、船将たちは承知しましたからと言うて、それで延ばさせたのだが、それでもグズ〳〵して居たものだから、アアなつた。手当かエ、それはキマリがあるものだから、タシカ五百両くれたよ。

その時などは、モウ軍艦奉行だから、供を連れたり、カゴをつらせて行つたが、イツでもカゴは空《から》にして、サキにやり、後から士一人と徒歩で行つた。みな、空カゴに向つて敬礼をするのさ。勝はいつまでも、アー磊落《らいらく》では困ると言つて、そればかり攻撃して居た。それで、攻撃のホコ先がすんでしまつた。それで逃れたのサ。

――所謂《いわゆる》欠陥をつくるのですな。

功成り名遂げ身退くとは古人の言ふことだが、それはやかましいもので、人の功をそねむものだからネ。

――日本人の嫉妬の強いのは、どういふものでせう。

どうしても国が小さいからサ。それに、何処の藩でも、家柄がきまつて居て、功を立てゝ大いに出世するといふ事は無かつた習慣だからネ。何でも、誰がしたのかわからないやうにして、人が言へばとぼけてしまふのサ。

注　英・仏・米・蘭四国連合艦隊が下の関を報復砲撃する件の延期交渉は、元治元年。このとき、前年（文久三年）末から京都に雄藩実力者が集まって参与会議が開かれており、土佐の前藩主山内容堂も参与の一人だった。海舟は容堂をよく知っており、「とか何とかいふ」は一種の韜晦《とうかい》であろう。「アアなつた」は、一時延期したものの結局は下関を砲撃したの意。

この使に行ったときの海舟は、軍艦奉行並《なみ》。使命を一応果して大坂へ帰ってきたところで、五月に軍艦奉行に昇進した。

「功成り名遂げ……」は、『老子』上篇に「功遂げて身退くは、天の道なり」などとあるのによる。

機勢の変転

一体、政治家は、機勢の変転といふものを見なければならぬ。新井白石が、読史餘論《とくしよろん》に、幾変転と言うて論じたのは、アレはあとから言うたことだが。マー機の移り変りの工合を知らなければならない。それは証拠をあげて言へば、直にわかるものだ。徳富にでも書かせてやらうかと思つたのだが、誰かゞ書けば、直にわかるのだ。ソノ工合をチヤンと知つて居ると、政治の塩梅《あんばい》が雑作《ぞうさ》ないのだ。ワシはもと西洋人の言うた七年一変の説ネ。アレを信じて居るのだ。どうも七八年乃至《ないし》十年にして人心が一変するよ。水野から阿部、それから井伊ネ、その跡を推して見せると、直にわかるテ。然し、水野、阿部と人をさして言ふから、間違ふのだ。勢の移り変りだから。

水野の時は、外国のために準備すると言つて、やかましいことであつた。阿部の時には、水戸が勤王攘夷《きんのうじょうい》とか言うて、騒々しかつた。西郷等が王政復古をした。その都度《つど》、あとから見ると、先の事が馬鹿らしく見える程に、勢が変つてしまふ。流行だと、人が言ふが、サウいふものぢやあ、ありやしない、維新までに三変したよ。

それから明治十年の西南戦争サ。伊藤サンの朝鮮征伐でも、未だ七八年でその機も来てゐない。悧巧《りこう》の人だが、機に乗じたのではない。それで明治三十年はひどい事がありますぜと言うたのだ。今になつて色々の事もあるが、それはたゞ伊藤の時の結果に過ぎないのだ。モウ少し何かあると、みなその方に走つて消えてしまふ。言ひたくもないけれども、機の移り変りが、明らかに見えて居るから、言はなければならぬと思うて言ふのサ。伊藤サンの朝鮮独立の勅語などは、どうするのか。外国公使か何かゞ少し言うたと言うて、勅語が今ではそのまゝになつてしまつて居る。アレをどうするつもりかシラ。

維新の時でもソウサ。十二月に大政を奉還した。実に堂々たることだ。然るに、翌年になると、君側の姦《かん》を除くと言うて、兵力を用ゐようとした。それは将軍の時に言ふ事だ。一旦奉還したあとで、幼沖《ようちゅう》の君に対して、さういふことをするのは誠実でない。どちらが本当の申出だか一向わからん。然し、伊藤サンは同じやうな不始末をして、日本は小さいから、徳川の末と同じことをした。大きに仲間が出来て、都合がいゝと思つて居るのだ。

そのうつり変りの工合の所をこの間から書いて見ようと思つて、少し書きかけたが、そのまゝになつて居る。朝起きてフイと思ひ付いて書きかけて、そのうちに人が来たりなどするし、それきりになつて、モウ面倒になる。

（これだけ書いたとて示されしは半紙二枚ほど也。その中の肝要に曰く）

人心漸《ようや》く移転せんとする前、先づ其の機動くの兆、顕然として生ず。機先転じて漸く顕著ならんとす。此の際、人心穏かならず、論争紛々、彼我得失を争ひ、誹謗《ひぼう》百出、旧守改良を論ずるもの三四年、或は五六年、究極なきを。或は有力者あれば、其の説に附和雷同して、団結の勢を生ず。

これから段々例を入れて書いて見ようかと思つて居るのだ。この事があるから、松方や樺山へもサウ言うてやつて忠告したのさ。三十年には、必ず事があると見込を付けて、二年程前から、病中でも人にもサウ言うてやつたのサ。薩摩の人が智慧があれば、早くから機先を制するといふやうなことも出来るのだけれども……。人才登庸《とうよう》などといふこともなさるなと言うたのだけれど。

——然し人才登庸は一体世人の望んで居ました所です。

人才登庸と言ふからイケナイのだ。ワシノには、誠実にして堅固な人を挙げなさい、と書いて出した。ナニ、今のかれこれ言ふのは、伊藤の時の結果の残りだから、何か少しアレバ、その方へ引きよせられて、直《じ》きに消えてしまふのだけれどもネ。ハワイ問題などは、まだ小さいよ。米国との事にでもなればダガネ。先づ、この十年ごとに変るといふのが小節サ。大勢は、世界の上で、またそれがある。英吉利があれほどやかましかつたが、今ではモウ末だ。これからは魯士亜と支那だ。これから先も、どう変るといふことはわかるものでない。然し自《おの》づと機が動いて来るのだ。

――爵位奉還論などが起つて来るやうです。

それはイケナイ。それは済んだことで、どうなつても善いのだ。アレニ、コレニと言ふといけない。どうなるか知れないが、又々機が動いて来るものだ。

（補）

水野の時は水野が独り心配して急に準備したが、この時草莽《そうもう》でその急を知つたものはサスガは高島四郎左衛門と、高野長英と、渡辺登だが、捕へられてしまつた。これは後の時世になればみな賞められるものだ。それだから、明治三十年は、大事変があると思うてチヤンと考へたのだ。果してさうだ。伊藤さんの二十七八年は未だ機がないのにしたのだ。

注『読史餘論』は、「天下の大勢、九変して武家の代となり、武家の代、また五変して当代におよぶ」と説く。「水野」は既出の忠邦で天保期の老中、「阿部」は既出の正弘で弘化・嘉永期の老中。井伊は、安政期の大老井伊直弼。

「伊藤サンの朝鮮征伐」は、明治二十七、八年の日清戦争。「十二月に大政を奉還」、大政奉還は十月だが、ここのところ海舟の解釈は独特なので、あえて手を加えなかった。

ハワイの問題とは、日本からの移民のことにアメリカのハワイ合併方針がからんで、日本は軍艦を派遣するなど神経をとがらせており、ハワイ占領論も出ていた。

(補)は、やはり巌本が『海舟座談』で付したもの。そこで出ている話題は、天保十年の蛮社の獄と、天保十三年の高島秋帆疑獄事件。

明治三十年九月十日

巌本は、この頃、北海道方面に募金旅行にでかけている。冒頭に海舟が「ソウデンスか、一昨日お帰りか」と言うのは、巌本の帰京の挨拶に答えたものではなかろうか。今回も巌本は、自分の発言をすべて省略しており、何を言い何を尋ねたのか、すべて海舟の返辞ぶりから推測するしかない。

聞き取り時間のところ「午後二時—五時、肥塚龍氏去る」とあるので、先客の肥塚が、入れ替りに帰ったのであろう。

景気の善悪

ソウデンスか、一昨日お帰りか。

福岡辺は大したものだソウナ。肥塚がいま驚いて居たよ。宿屋など、三両位で、みなうかれ切つて居るさうな。ソウいふ所へ行つて、取つて(寄附金)しまふのさネ。コチラは、随分ひどいよ。余程つまつて来たものと見えて、実に困らせるよ。払込などの金があるから、遊ばせて置くのもと思うて、百円二百円位貸してやるとネ、半分位は返すだらうと思ふと、まるで返しやしない。実に困らせてしまふよ。

ア、陸奥《むつ》も後藤も死んだ。後藤の時には、葬式に行つたよ。伊達《だて》五郎サ。あれは、陸奥の叔父かしら。あれとは懇意にしたよ。あれは、周旋方が大層交際が広かつたからネ。

注　「一昨日お帰りか」については、談話の前の説明で述べた。福岡辺のうわさ話をして帰った肥塚龍は、改進党―進歩党の代議士などをしてきた人物。福岡辺が景気がいいのは、八幡製鉄の建設が決まったため。

「ソウいふ所へ行つて、取つてしまふのサネ」と海舟が言うのは、やはり明治女学校の基金の話で、巌本は、ここの（寄附金）という注記によってはじめて、自分が何を海舟にむけてしゃべっているのかを、少しだけ告白している。

陸奥宗光はこの年八月二十四日、後藤象二郎は八月四日に、それぞれ没。伊達五郎は陸奥の叔父ではなく義兄（父の養長男）で、紀州藩士。

紀州徳川家

紀州のサバキかえ。あゝワシがやつたよ。アレハネ、津田の仲間と、三浦の方と、二つに割れて居たのサ。陸奥などは、未だ出ない頃サ。何でも、藩公から両方に頼んだのが元サ。どうも、かうも、仕方がないやうになつたと言ふのサ。それで岩倉に頼んだ所が、岩倉から私に相談して、頼むと言ふのサ。『それは、外に仕方が無いと言ふので来て頼まれるならば、不得止《やむをえず》引受ませうが、コチラから何も進んで世話する筈《はず》もないのです』と言うたら、それは尤《もつと》もだと言うてネ、岩倉がよんで話したさうな。勝といふ者があるぢやあないか、これに頼んだらよからう、ワシは真にせはしくて出来んからと言つて、逃げてしまつた。

それで、藩主が来て、あなたにお頼み申さうと思ひましたが、先づ岩倉公に申すのが順だから、さう致しました所が、「あなたの方に頼めと言ふことだから、何分頼む」と言ふのだ。『それぢやあ、よろしう御座います、お引受申しませうが、それには二つ仕方があります。テキパキと片付けてしまひませうか。又は、ゆるりと致しませうか』と言ふと、「どうか、テキパキとやつて貰ひたい」と言ふから、『宜《よろ》しう御座います、それでは先づあなたを隠居にでもしなければなりません、アナタが、両方に頼みなすつたから、かうなつてきたのです、色々の事情あるとも、起りはそれですから、先づあなたから、さうしなければ筋が立ちませぬ』と言ふと、大層恐れてネ、「それでは、どうか、さうでない方に頼む」と言ふから、『それならば、何とも別に言はないで、以来は両方とも家政《かせい》の事は断る、勝に頼む事になつたからと、さう言ひなさい。然し、両方とも、邸に近づけないなどと言つては、宜しくありません、年首盆くれに、両方とも変りなく招いて、一様になさいませ。そのかはり、家政向の事は、以来は頼まぬとなされば、宜しい』と言つたのサ。それから、私が、大体の事をさしづすることとなると、両方のものが、それぞれやつて来て、色々に言ふから、『あなた方は、殿様に隠居でもさせる気なのか』と問ふと、「どうしてどうして、決してさうではありません、全くお家のおためを思ふのだ」と言ふから、『善う御座います、さうでせう、それならば、私がさうしませう、あなた方は、両方ともお家の為《ため》をはかりなさるので、たゞ意見が違ふのです、私から見れば、どちらも忠臣です』と、さう言つてやつた。そして、両方を一緒に集めて、私の手から、二千両ほどを分けてやつて、旅費にしなさいと言うてやつた。あれは、反対党だからとか、何とか言つたが、『さうですか、私にはどれがどれだかわかりません、みな紀州藩の方々で、お家のために運動に出て来なすつたのだが、旅費まで損をなすつてはと思ふから、二千両出して貰つて、分けるのだ』と言うたのサ。二千両は、『私にくれると思へばいゝでせう』と言つて、取つてやつたのサ。そのうちに、彼等が恐れたと言ふものは、津田の方では五六万円も遣《つか》つて居るし、三浦の方では三十万円も出させて居る。三浦の方は、横浜の地所を買つたのだから、この地所をそのまゝ取らせて置くと、コレが段々上つてきて、三十万円の方は片がつくやうになつたよ。それで三浦は威張り出したよ。津田は、その後、那須野の地面を二万円位に取つて貰つてくれと言つて、それは〳〵ウルサイ人で、夜までやつて来て、頼んで、いろいろ自分の功績をあげるのサ。あまり、ウルサイから、二千両だけ貰つてやつた所が、不足だと言うて取らないから、それならいゝと言つて置くと、四五日もたつとやつて来て、矢張《やは》りあれを貰ひたいと言ふのサ。それツキリ少しも来ないよ。アヽ西郷も大久保も、初めは信じて居たよ。津田がだましたものだからネ。ダガ、後には、化《ばけ》の皮が現れて、それからは、少しも用ゐられなかつた。今ぢやあ、銀行ださうナ。ナニ親仁《おやじ》がやるのサ。

その時の入費が七百円サ。みンな自弁だよ。何でも、紀州蜜柑《みかん》を二箱かしら、礼に貰つた。それから、年々貰つた。糸、この頃はどうだツケ。ソウカ、もう来ないか。

それで、さる人が、それはアナタつまらないことで、礼はお取りにならないでも、実費だけはお取りになれば善いと言うたがネ、さうでないて。たとひ実費でもネ、一かためにして出せば、矢張り七百円勝へとつけるので、かためた金はさうでないからと言うて、取らなかつた。あいつらは、己が金でもまうけるかと思つて、見て居ると、それは少しも無いものだから、何とも言ひやうが無いのサ。それから、大事は、私が相談することになつて居るのサ。

注 「紀州のサバキ」は、紀州徳川家家政についての内紛に関するもの。紀州が話題になったのは、陸奥宗光や伊達五郎に関連してのことであろう。

津田は、津田出。三浦は、三浦安。ともに旧紀州藩士で、明治四年の廃藩置県まで藩の重職におり、次いで明治政府の官吏となった。岩倉は、むろん岩倉具視。

紀州蜜柑を年々礼に貰ったが「この頃はどうだツケ」と聞いている相手の糸は、女中で海舟の三女逸および四女八重の生母だった増田いと。

明治三十年九月　日不詳

今回は、日が明らかでない。しかし、前回の十日より前でないことは、巌本の日程から判断しても、まず確実だろう。

巌本の注は「午前九時―三時、滝村氏来り先づ去る」とある。滝村鶴雄であろうか。

つぶれた金持

十月後に物価が下ると言ふのかヱ、ソウうまく行けば善いが、金に引換れば善いが、矢張り銀を遣《つか》ふので同じことぢやあないか。

伊勢の白子の辺は、金持がそろつて居つたものだが、みんな潰れてしまつただらう。行つて見ると、家には、二三人の下女下男が居るだけで、シーンと静まつてゐる。それに、大きな家だ。どうするのかと思ふと、年に一度や二度は、仲間の集合もあるものだから、いるのサ。商売は、皆東京でしたものサ。かういふものが潰れると、ソレハひどいものだよ。お大名よりもひどいよ。御一新の頃には、ソンナ仲間に余計いぢめられたよ。みんな、お大名に御用達《ごようたし》をして居たらう。雲州だけへでも、三十万両も貸して、その上に七十人扶持位づつも、貰うて居たものが、瓦解《がかい》となつて、何もなくなる。その後、公債が出来ても、ホンノ紙きれと思つて、古証文同様の反古と思うて居るものだから、みんな番頭などにとられてしまつた。アナタ方の家には、公債が余計あるでせうと言ふと、イヽエ、あれは番頭がくれろと申しましたから、遣《つか》はしましたと、言ふのサ。実に可哀相なものだよ。

注　「十月後に物価が下る……」というのは、三月に公布された新貨幣法が、十月から実施となり、金本位制が確立して金兌《きんだ》換《かん》が始まることを指している。公債の話題が出ているのも、やはり金兌換との関係から。

肥後藩三人組

安場はネ。初めは、毎日のやうに来たものだが、その後、ワシを不信用にして居るから、直《じか》に行つて、ソウ言つて会ふ方が善いよ。ナニ、古荘《ふるしよう》の事からサ。古荘が、ワシの所へ逃げて来て頼んだのサ。なんでも、コモをかぶつた、キタない男が、お目にかゝりたいと言ふと、言ふから、通して見ると、古荘サ。古荘の言ふには、「私はアナタの敵で御座います。然し、ナマジナものにつかまるよりは、もしアナタが捕へようとなさるならば、縛つて出して下さい、もしかくまつて下さるならば、かくまつて下さい、アナタに直《じか》にお話しした方が善いと思ひましたから、出て来ました」と言ふのサ。ワシは、大層賞めてやつた。『ソレだけの大胆があれば、イヽ。然し、人をかくまふといふ事は、これまでしなかつたのだから、どうもしにくいが、静岡の縄張内《なわばり》にお出でなさるならば、必ず外へもらしはしません。就ては、金は私から出しますから、私の言ふ所へ行つて居なさい』と言ふと、古荘は、懐から二百両出したよ。「イエ、その御心配はいりません。逃げます時に、家内がくれました。金は、ありますから」と言うたよ。アノ家内といふものは、大したものだよ。鬼の女房に、鬼神とでも言ふのだらう。頭に髪の毛が一本もないよ。ダガ、いい女だ。何でも、古荘がつかまらうとする時に、手水場《ちょうずば》に逃げ込んださうな。スルト、たいそうたまりましたから、汲出しますから、御覧なすつて下さいと言うて、汲出したからくさいものだから、役人がみな鼻をつまんで逃げてしまうたさうな。スルト、その間に、逃したといふことよ。古荘は、それから、山岡の所へやつて、米つきをさせたよ。二年ほど。

その時ネ。安場などが、熊本藩の御用だと言うて出て来て、古荘をさがしに来た。「踪跡《そうせき》を尋ねました所が、静岡まで来たといふあとがつきましたから」と言ふから、ワシがだましてやつた。『イヤ、それはさうでなからう。アレハ、ワシの敵だから、此の方に来る気遣《きづかい》はない、何でも、朝鮮へ行つただらうと思ふ』と言ふと、「成程《なるほど》、さうで御座いませう」と言つて、還つて行つた。ダモノだから、安場は、以来は、来るがネ、大層心を置いて、気を許さぬやうになつたよ。

古荘等は、河上彦斎《げんさい》の仲間サ。東北連合は、実に彼等の謀略サ。いよ〳〵連合も出来ましたと言うて、帰りに来たから、善くわかつたよ。河上が玄徳で、古荘が関羽、竹添が孔明サ。古荘は熊本藩の土橋の訓練隊長だから、これを用ゐなければ何も出来んので、河上が使つたのサ。東北は、少なくも二年位は持つと思つてゐたよ。スルト、薩長が力を尽してあちらに向ふから、その虚に乗じて、大坂に打つて出て糧道を絶ち、西京の天子を抱くといふ趣向だつた。あの当時、アーいふ計画をしたのは、アノ仲間ばかしだつたよ。

河上といふのは、それはひどい奴サ。コワクテ〳〵ならなかつたよ。たとへば、かう話して居てサ、巌本といふものは野心があるなどといふ話が出ると、ハ、アさうですかなどと空《そら》嘯《うそぶ》いてとぼけて居るが、その日、スグト切つてしまふ。そしてあくる日は、例の如くチヤンとすまして来て、少しも変らない、喜怒色に形《あら》はれずだヨ。あまり多く殺すから、或日、ワシはさう言つた。『あなたのやうに、多く殺しては、実に可哀相《かわいそう》ではありませんか』と言ふと、「ハ、ア、あなたは御存じですか」と言ふから、『それはわかつて居ます』と言ふと、落付き払つてネ。「ソレハあなたいけません。あなたの畠に作つた茄子《なす》や胡瓜《きゆうり》は、どうなさいます。善い加減のトキにちぎつて、沢庵にでもおつけなさるでせう。アイツラはそれと同じことです。どうせあれこれと言うて聞かせては、ダメデス、早くチギツテしまふのが一番です。アイツラは幾ら殺したからといつて、何でもありません」と言ふのよ。己はさう言つた。『あなたは、さう無雑作《むぞうさ》に、人を殺すのだから、或は己なども、ネラワレルことがあらうから、さう言つて置きますが、だまつて殺されては困るから、ソンナ時は、サウ言うて下さい、尋常に勝負しませう』と言ふとネ、「ハ、ー、御じようだんばかり」と言つて笑ふのだ。始末にいけやしない。竹添などにさう話すとネ。少しも信じないよ。「アナタは、さう仰《おつ》しやるけど、さういふ人物ではありません」テツて少しも疑はない。それはひどい人物だつたよ。

徳川の臣などに至つては、それは実に小さなものサ。みンナ、三河武士の遺伝で、誰も忠義といふ区域から脱出したものはないよ。この後でも、誰一人、明治政府に復讐しようといふものはないよ。それは安心なものサ。

それでネ、古荘は今でもさう言ふさうな。ワシが大嫌ひサ。勝サンは大嫌ひだけれども、二三度首をつながれたから、何とも言へないと言ふさうな。この間も、来たが、県令になつてるさうなが、ナーニ、県令などは、訳はありませんと、さう言つて居た。熊本では、先づアレガ第一サ。

注　安場は、肥後出身の官吏安場保和で、福島・愛知・福岡の県令、愛知県知事等を経て、貴族院議員。この九月に、北海道長官に就任した。このところは、まず巌本が安場に紹介してくれと頼んだのであろう。海舟はそれを断わり、断わる理由を説明するところから思い出話に移っている。

古荘は、肥後藩出身の政治家で国権党総理、また三重や群馬の県知事をつとめた古荘嘉門。海舟の話にあるように、明治初年、佐幕派と結んで新政府反対の運動を画策した。河上は、やはり肥後藩の有名な人斬り彦斎。竹添は既出の竹添進一郎=井井で、やはり肥後藩出身。維新のときの政治的立場は少しずつ違ってていたが、海舟は、この肥後熊本の一派が、東北奥羽の佐幕藩連合と呼応して明治新政府に一泡吹かせようとしたのだと言っている。玄徳・関羽・孔明は、もちろん三国志になぞらえたもの。

反政府派の登用

それで、静岡からワシラが来る時にネ、仕方がないので、大久保に相談した。『コウ〳〵いふものがあるが、どうか助けて置きたいが、自首させたらと思ふが、どうでせう』と言ふと、「それが善からう」と言ふので、ソウさせて、二年ほど囲つて置いた。スルト、熊本の騒ぎで、大久保があちらに行く時、「勝サン、誰か使ふものが無からうか」と言ふから、『それには善い者を囲つて置きました。古荘です』と言ふと、「それなら、アナタから手紙を書いてくれ」と言ふから、ワシは書いてやつた。『お前は、もしモ一度騒ぎたいならば、この際出て騒げ、もし又大久保と一緒にやる気ならば、一つやつて見たらばどうか』と言ふと、大きに喜んで、用ゐられようと言ふのサ。ソコデ、大久保は、直《すぐ》に出して、大蔵の二等官に用ゐた。サスガ大久保だから、少しも差図《さしず》しない。お前に任すと言うて、放任したから、古荘は一生懸命で働いて、たうとう片付けたよ。

竹添かエ。アレモネ、大久保が支那に行くときに、「勝サン、誰かなからうか」と言ふから、『それには善い漢学者が取つて置いてあります』と言うて、あれをすゝめたら、大久保も大層喜んで、用ゐたよ。それがアレの立身のはじめサ。今でもネ、竹添がワシをやりこめるとネ、ワシがさう言うてやるのサ。『お前の孔明も知れたものだ、ワシの方が智慧が上だから、モウ孔明はおよしよ』と言ふと、たいへんによわるよ。今ぢやあ、あんなに仙人のやうになつてしまつた。それに金が出来たさうで、鎌倉かしらに、地所があるさうな。大変なヨメ孝行で、それは〳〵をかしいよ。嘉納《かのう》の塾開きの時に、ワシモ行つたら、アレは女房と一緒に来てゐるのサ。そして、どうかお先へ、私は家内が居ますから、おあとから参りますと言ふのサ。『竹添サン、別品《べつぴん》ならいゝが、あんまり美しくもないものを連れて、一緒に行くのは、およし』と言うたらネ、細君も怒つてゐたよ。それは、何処へでも〳〵一緒に行くのサ。娘は嘉納の所へやつてあるからネ。家内は、あちらに行つてもよし、私は一人だからと言つて、まるで世間の事を忘れてしまつて居る、仙人サ。本を沢山もつて居るが、それは学者だよ。

昨日は千駄ケ谷へ行つて、道はわるし、ヒツクリかへらうとするし。それで考へてゐて、をかしくなつて、豁然大悟《かつぜんたいご》したよ。徳川の末の官吏が、少しも時勢を知らなかつたのは、大キによかつた。あれが知らうものなら、それは〳〵萎微《いび》していけないよ。今の役人を御覧な。あちら、こちらと少し宛の時勢にスラ動いて、そのつど萎微して何も手に着きやしない。あれは、何も時勢を知らない方が便利だと、悟つて、笑つたが、ドウダ、先人未発の議論だらう。走馬燈を書いたが、巌本サンなどは、局外者だから、どう思ひなさるエ。

注　「それで、静岡からワシラが来る時にネ」は、海舟や山岡らが明治五年に静岡居住をやめて東京へ戻ったときに、もう古荘をかくまえないので、の意。ここの大久保は利通。「熊本の騒ぎ」は明治九年の神風《じんぷう》連《れん》の乱とも考えられるが、「大久保があちらに行く時」とあるので、七年の佐賀の乱を指しているのかもしれない。そのとき熊本も応じているので。

「嘉納の塾開き」の嘉納は、東京高等師範学校長で講道館柔道の嘉納治五郎。千駄ケ谷は、何度も出ているように、徳川本家。

明治三十年九月三十日

金本位制実施の前日。金兌換《きんだかん》のことにからんで、金貨のあつかいにくさ、藩札、また、明治初年のいわゆる贋金問題と話が展開していく。「午後三時半―五時半」となっている。

正金のあつかひ

どうも、耳が痛くテネ、血を取らせたのが、さはつたと見えるよ。聞えないのさ。この間も、さう思つて居たのサ。まるで聞えないと、大きに便利だと思つて居たがネ、まださうもならないやうだ。アー滝といふ者に見せるのサ。アレデ、シツも直つたからネ。ナニ別に見せなくても善いのだけれどネ。

あしたからいよ〳〵金本位貨かエ。それで物が下るかイ。この間も、さういふ話ジヤアないか。物の価は、理窟の通りに行くものではない。勢によるものだからネ。それに信用が減つてくると、自然に札が殖える訳で、どうかくしても、仕方が無い。物が上る。物が上るのではない、札が下るのサ。準備金を用意して置くと、さうではないよ。それはどうかくしても、いけないよ。金が減ると、自然に下るよ。ハアー、金貨の用意をしたと言ふのかエ。さうとも、なに、大して換へに来るものジヤアないよ。

今の人は、大層なことを言つても、実際に正金《しようきん》を扱ふのではないもの。正金は、もち扱ひにくくてネ。ソレは仕方がないよ。シユ徳院の和尚が、二分金で二万両ほどためたが、どうとも仕方がない、どうしませうと言ふ相談だから、『それは、目黒の方にでも、別荘をおこしらへなさい、そして、少しづつ段々に送つて、地の中へでも、お埋めなさい』と言ふと、さうしてネ、布団や、米櫃《こめびつ》の中へ、少しづつ入れて、段々と送つて、納所《なつしよ》と二人で、瓶《かめ》を買つてその中へ、入れて、コウいふ縁の下に、いけてやう〳〵助かつたよ。

もう、二十両も持つて居ると、カゴカキの肩にひゞくと言ふのサ。始末にいけやしない。為替《かわせ》かエ。それはずつと昔からあつたのサ。藩々の札は、コチラに御用達《ごようた》しがあるものだから、そこで、イクラか割引をして、換へた。大きな町人になれば、又二度《ふたた》びソノ藩に行くときに用ゐたのサ。アー、藩札は、コチラではとほらないよ。粗末なものサ。

あの贋札引換の時かエ、サウサ、三百万円だつたかネ。なんでも、書いて置いたが、忘れてしまつた。吉井を取次にして、相談があつたのサ。アー、二分金サ。仙台、加賀、会津、福岡、薩州などで、こさへたのサ。会津などのは、それは金が悪かつたよ。藩札の高は、一々届けるのサ。届《とどけ》は監察の方へ出す。高の調べは、勘定奉行の方で、ア、一々調べる事になつて居たよ。

注　シツは湿瘡つまりひぜん・かいせんの類か。

シュ徳院は『女学雑誌』では崇徳院《すとくいん》となっている。また、赤坂には種徳寺という寺がある。藩札のところでコチラというのは、もちろん江戸のこと。「あの贋札引換の時かエ」は、明治三十年三月十六日付談話の注を参照。吉井は既出の友実＝幸輔。

支那の経済は大きい

支那にもあるさうなよ。何でも、ハタキのやうなもので、あゝいふ所へ、さげて置くのださうな。そして、一本づつ切つてネ、ホンノ反古《ほご》のやうなものださうだ。それで、チヤンと通用して、少しもあぶなくない。竹添なども、さう言つて居た。実に危険だと。ナニ、あぶない事があるものか。大きな経済がわからないからネ。実に日本のは小さいものだよ。支那の公使が、よくさう言つたよ。アノ官妓ネ。あなた方がお出《い》でになれば、マア官妓を買ふのだが、一年の簪《かんざし》料が三千円程ださうな。それは、大したものださうだ。たとへば、ワシが一寸買ひに行つてもネ、なかなか急に出やしない。待たせて置いて、それぞれもてなして、その間にゆるりと化粧して、あゝいふ所（奥の出口）から、ゆつくり出て来て、チヨイト頭を下げて、それぎりで行つてしまふ。それで六十両位出さなければならない。それで、また外の客の所へ行けば、直に、簪から衣裳《いしよう》からを替へるのださうな。公使がよくさう言つたよ。西洋人は、一万円や二万円の金剛石などと言ふが、それは何年でももつものです。私の方のは、その日ぎりですから、おごりではありませうが、価は高いと、さう言つたよ。

玉《ぎよく》の植木鉢を買ひたいと言ふものがあつて、向ふに行つたが、五百円位のをと、さう思うて行つたら、香港《ほんこん》で、どうして、三千両、五千両、一万両と言ふ。三千円より下のが無い。千五百円位のと言うたら、ヲモトを買ひに行つたものもあるが、矢張《やは》り、千五百両二千両以上と言ふのサ。何分身代《しんだい》が大キイものだから仕方が無い。

李鴻章かエ。何でも、日本の歳入よりは、少し少ない程だと、公使が言つたよ。

サア公使は、三万両位はもらふだらう。然し、あちこちへそれぞれしなければならぬから、物がいるだらう。初めは、日本の文人に、ドンスや色んな高いものをやつたが、今では、コチラの小さいことがわかつたから、矢張りお安い日本のものを買つて間に合せるやうになつたよ。

あの丁汝昌が、よくさう話したよ。日本の料理は、お安いが、二十両も出して、あつらへると、モウ無いと言ふ。それに、何もかも、つめたいので、困ると言つた。ヒラメだの、鯛《たい》だのといふ、同じものを、いくつにも、料理して出すばかりの事だ。実になさけない話だ。

李経方などは、善いものになるだらう。今では、才気が溢《あふ》れて居る。

ソウカエ、段々李鴻章を賞めて来るかエ。何と言ふことだらう。それは、伊藤さんなどの相手ぢやあないよ。外国人が見たからというて、さうサ。何分、チヤーンと信が立つて居るからネ。

李鴻章は、あゝやつて人を使つてやるのだが、よく出来るものだ。己は出来ないよ。門下にも随分いゝやつがある。

注　「竹添なども」の竹添は、既出の進一郎＝井井で、天津領事をしていたことがある。
李鴻章のところ、「日本の歳入よりは、少し少ない」は、彼の個人財産のことだろう。丁汝昌に会ったときのことは、既出（二十九年十一月三日）。李経方も既出（二十九年十月十七日）。

中島雄

中島かエ。あれが居らぬと不自由だソーナ。アー静岡サ。どうも。放蕩《ほうとう》でネ。六百円ほどかしてやつたサ。二三度かへしたよ。賞めてやつたのサ。戦争の時も、私が書いてやつたが、あれは大層な開戦論サ。支那に長く居つてサエ、さうだ。仕方がないと言つたのサ。時々議論を書いてよこしたが、見もしない。あれの議論は、とるに足りないからネ。アーソーサ。上手だが、少し文が長くてネ。

支那の本は中島から大層くれた。いろ〳〵な随筆サ。しかし段々字が小さくなつて、実に困る。はじめは、大きかつたがネ、随分好んで読んだよ。それは上手なものだ。ありもしない事を、うまくありさうに書くことなどは、実に上手だ。何でも、落第生などが書くのださうだがネ。

戸塚の事かエ。初筆だと言ふから、仕方がない、十円で、あとは書付を書いてやつたのサ。金持ちといふものは、人の困ることも知らないからネ。然し、自分は世話などばかりで、出しはしないのだらうよ。大層地面もあり、金もあつて、六十万円位だと人が言ふが、どうだか。尤《もつと》も親の時から金があるからネ。アー、あれに見てもらふが、もう医者もやめた。それに、なまけるから、気がどうも乗らないでいけないよ。

黄村さんの写真が来た。その題詞の石版字

馬《ば》歯《し》今《こん》年《ねん》過七旬《しちじゆんをすぎ》　妻児《さいじ》共《ともに》勧《すすむ》写吾真《わがしんをうつせと》

夢来《ゆめきたりて》未覚《いまださめず》夢中夢《むちゆうのゆめ》　身後《しんご》長留《ながくとどめん》身外身《しんがいのしん》

丙申十月二十九日黄村題時七十一

息子は、大佐か何かだ。それにヨメが利巧《りこう》だからネ。お糸や、黄村さんのだから、その菓子をみんなにやつておくれよ。

注　中島は、既出の北京公使館員の中島雄で、中国滞在が長く、いわゆる支那通とされていた。戸塚は、かつて徳川慶喜の侍医だった戸塚文海。海舟のすすめで海軍の医官となり、明治九年に海軍軍医総監。東京慈恵医院設立の功労者で、また赤十字とも関係が深いから、何かそのような関係の金集めをしたのであろう。「親の時からの金」の親は、養父でやはり幕府につかえた医者の戸塚静海。

黄村は、旧幕臣で詩人の向山黄村。既出のように、この年の八月に死んだ。詩の日付にいう「丙申」は、前年の明治二十九年。

明治三十年十月六日

前回から一週間あと、十月に入りいよいよ金本位制実施となったが、あまり変化はないというのが海舟の観察である。

ウラジオストックのことは、海舟の歌をみせられた巌本が、連想で質問したもののようだ。金谷のことも、なぜ聞いたのかはわからぬが、やはり巌本の質問に発して、今回の主要話題となっている。

聞き取り時間は「午前十時半―二時半」とある。

ロシアのシベリア進出

金貨本位となつても、余り騒がないやうだナ。ソウだらうと思つて居た。誰だつて、金がありやしないし、持つて居るものも、無いのだから、引換へるものがあらう筈《はず》はない。少しの金でも銀行へ預けるといふ世の中で、昔と違つて居る。ダカラ、金貨本位の事は、初めから何とも可否を言はなかつた。同じことだもの。

天かける翼もたねばにはつ鳥　あはれ落穂《おちぼ》を争ひにけり

シベリヤの荒野の嵐はげしきを　つばさにうけてかける鷲《わし》かな

今朝よんだ歌だよ、よく出来たやうだネ。

浦塩《うらじお》カエ。ワシの伝習の頃には、名を言ふものも無かつたガネ。あの事は、ヨウク丁汝昌から聞いて置いたが、どうせモ少しコチラに善い所が出来れば、移るに違ひない。

アー、丁汝昌はコチラに来ると直に突然来たよ。それからワシも船へゆくしネ。大層懇意にした。一寸ソワ〳〵してるやうだが、よく話してみると、なかなかしつかりして居るよ。士官に善い奴があつたが、それはまだ死なゝいといふことだよ。

アノ時は、李経方も居つたからネ。あれは、生意気のやうな才のある男だが、善い役人になるだらうよ。

魯士亜《ろしあ》も、支那と組んだといふことだ。それに、支那はアーいふ国だから、魯士亜を恐れる国でもないし、どうせ威海衛も開くだらう。威海衛がサンフランシスコになるのだから、それで西洋の方で気をもむのサ。コチがかねてから思つて居た通りだ。

アー威海衛辺には、二三度も行つたよ。ナニ、あの頃は、陸に上るといふことは出来んがネ。遠くから港を見たのサ。

それで威海衛が開けて御覧な。朝鮮などは放つて置いても盛んになるサ。何とかいふ大きな川ネ。アノ川口などは、大したものになる。西洋人などが争つて借りるだらうよ。

注
金本位制は既述のとおり十月一日より実施。
海舟の歌は、ロシアのシベリア進出をうたったもので、鷲は帝政ロシアの国章。明治二十九年六月にロシアと清国の間で結ばれた条約により、ロシアはシベリア鉄道を、清国領内を通ってウラジオストックまで延ばすことが可能となり（東清鉄道）、工事を進めていた。
丁汝昌も李経方も既出で、丁汝昌が明治二十四年に北洋艦隊を率いて来日したとき、ちょうど、李経方が駐日公使だったのである。

金谷の茶園

金谷の事カエ。アレハ、大草、中条、山岡、などの徒党が五百人もあつてネ。中条などが、一番多かつたがネ。城の明け渡しのあとで、残念がつて、百人ほどが城へ這入《はい》つて、切腹すると言ふのサ。山岡の組は、その内少しのけものになつたがネ。それで、大草、中条外三人の隊長が出て来て、さう言ふから、『それは善からう、五百人の中で、百人位が死んだつて、構やしない、早速やるが善い、己も見分《けんぶん》する』と言つて還した。そして翌日、大草と中条の二人を召《よ》んで、さう言うたのだ。『昨日あゝ言うたが、何分、新政府のやり方を見るに、どうするかも知れぬ。ことによると、静岡へ追ひやつてから、つぶすかも知れぬ。それに、いま空に切腹するといふのも、犬死のやうだから、いつそ、久能をアイツ等にまかせてやるから、あちらに行つて、籠《こも》つて居て、時勢を見たらどうだらう』と言うた。二人は大層喜んで、「それはイイお考へです、みなに申して見ませう」と言つて帰つたが、五百人一人も異論はない。大層の賛成だ。「然し、それには、何分食扶持《くいぶち》がないので困ります」と言ふから、『己の言ふ事を聴いて、アチラに行くと言ふならば、食扶持だけは上げますよ』と言うたら、大へんに喜んで、みンなで出て行つた。

そして、二年もそのまゝにして居ても、何事も無いものだから、その内、また二人がやつて来て言ふには、「かう二年も待つて居ましても、何事もありませず、その上たゞ座食して居ては、恐れ入りますし、みナが無事で、ケンカばかりして困りますが、金谷といふ所は、まるで放つてありますから、あれを開墾したいと申しますが、どうでせうか」と言ふから、『それは感心な事だ』ツテ、大層賞めてやつてネ、その代り食扶持はやはり送りますと言つて、それから仕送りをつゞけた。それから、茶を植ゑた所が、大層よく出来た。ソンナ茶を外へ余計に出す事も出来ないから、横浜へもつて来て、貿易するやうになつた。実に赳々《きゆうきゆう》たる武夫《ぶふ》が白髪になつて、日にやけて居るのなどは、それは実に哀れなものだよ。人がいけば地が肥えるに違ひないものだから、たうとう出来たよ。それでネ、アチラから又さう言うてきた。「かう御厄介になつて開墾が出来ましたが、どう致しましたら宜《よろ》しからう」と言ふから、『それならば言ふが、みンナ三位《さんみ》さまの御恩だから、地面は三位さまのもので、お前方は、それを作つて居るのだと、さう思ひなさい』と言うた。

ダガ、その地面を売るものもあるしネ、質《しち》に置くものもあるしネ、今では百人位しか残つては居ないよ。「それでは、売つてはすまん」と言ふから、『なに構はない、お前方の尽力だからたから出来たのだし、アンナ荒地がそれでも売れるほどになつたのは、お前方が勉強しだ』と、さう言つてやつたのサ。ダガ、実に、済まないのサ。二重質に置くものもあるしネ。それはチヤンと知つて居るが、黙つて居るのサ。何かの時に抑へるつもりだ。大隈なども、行つてみて、感心して、よくあんなに開けたと言つたよ。それで、陛下がお召しになつて、御賞味になつた。それで始末がつけてあるのだ。

今に、まだやつて来て、実に困らせるよ。今では服部といふのが世話して居る。イ、堅い男だがネ。先月やつて来て、二百円ほしいと言ふから、今度は散々にやつゝけて、ひどく言つてやつた。腹でも切るかしらと、コウ見て居たが、モウ腹も切らないよ。たゞ落涙して居たよ。そして、帰らうとするから、『服部さん、一寸《ちよつと》御待ち。これはお前にあげるから』と言つて、二百円出してやつたよ。ひどく恐れ入つて帰つたよ。アレ位にして置かないとネ。まだ涙もろくて、泣きつきさへすれば善いと思つて来るからネ、困るよ。あれで来年の盆位までは、イ、と思ふが、この暮にまた来るかも知れやしないよ。宮本にも、大層怒つてやつたのだ。あれが、静岡へ行つて、引きうけて来たのサ。自分が、金もちだものだから、少しも出しはしない。半分でも出せば善いのだが、金もちといふものはあんなものだよ。何《な》んでも五六万円は出したが、それはひどい目に合はしたよ。そして、千駄ケ谷の方では、悪く言ふしネ。自分の気に入つた方にばかり出すとか、何とか言つて、それは悪く言つたよ。大久保なども大層あれ等の処置には心配したのだが、ナアニ訳はないサ、そして国家の用をして、あれだけの地を開いたからネ。

それに、仲間がケンクワをして、義に反《そむ》いたものを切腹させたなどと言つて、県庁の方に届ける。一度は、西瓜《すいか》をお世話になつたお礼に持つて来たと言つて、生首《なまくび》を持つて行つたさうな。それで県庁では、戦慄して居たのサ。大変困ると言ふから、これから私の方へ届けなさいと言うてネ。直支配《じきしはい》にしてしまつた。それから、止んだよ。それでも、二人位はあつたがネ。ナニ又少しは、おどして、ユスル工合もあるものだからネ。

注　旧幕臣が百姓になって静岡県の茶園を拓いたいきさつを明らかにしたもの。戊辰戦争のときの武力抵抗派を、海舟得意の策略で、東照宮のある久能山をまかせるからと名目をつけて江戸から追っ払ったのが、機縁となったのである。「三位さま」は徳川家達。

行ってみて感心した大隈は、重信だろう。中に立って怒られた宮本は小一。処置に心配した大久保は、判定がむつかしいが、おそらく一翁の方だろう。

一翁と鉄舟

ナニ、山岡は、三四万も穴をあけてるサ。道楽の為に遣《つか》つたのサ。宮内省にかエ。それは、姉小路《あねこうじ》だの、色々遊び仲間があつて、それ等のつれで、つとめたのサ。死んだ時にも、四五千両出して、片付けたのサ。今でも、ゴケサンに五十円づつ、千駄ケ谷から出す処が、それを又抵当にして借りるといふ工合だ。ひどいものだよ。

大久保は、息子を洋行させた。二万円もかゝつたよ。それが先づ褒美のやうにして、出してあるのサ。

三位は、アンナに茫洋《ぼうよう》として居るから、先づ大丈夫だと思ふのサ。これ位にして置いても、死ぬると、何の筋の金か分らぬとか、何とか言ふのでネ、それは人情だから、この家も、三万円位に買ふといふものがあるが、それではいけないからネ。これも出してしまふのサ。

ナニ華族もお廃しになる方がいゝのサ。ワシが死んだらば。「あとは、どうか、御心配なさらぬやうに」と、三位が言ふから、『死んだあとで、遺族の世話をしてくれる程に、気が利いて居れば、生前に世話にもなるまいぢやあないか』と、さう言つたのサ。己が辞職すると言うて、あとの事を心配した時に、かれこれ言ふから、大層怒つてやつた。『ナンデ、ソンナ生意気《なまいき》の事を言ふ』「大久保だ」と言ふから、『大久保サン。お前か』と言うたら、「イーエ、どうして」と言うたよ。『私が徳川氏の金を取るつもりなら、いつでも取れる。それがわからないのか』と言つてやつた。ア、地面だけでも二十万円位はある。久能でも、何処でも、アーなつて居るからネ。金でのこさぬと言ふが、コチラの流儀だ。金でのこすと、ミンナがそれをあてにして、万一の時は、アレと気を置くから、それで反《かえ》つて済まなくなる。遺族になるとそれでむつかしいよ。大久保や、山岡の力によつて、此の方が為《な》して居ると思うて居たのだからナ。実にヲカシナものだよ。この頃では、少しはわかつて来たやうだ。

山地が死んださうナ。アレは善い者だつたよ。

来年は、御覧よ。大抵、没落だから、この暮れでも、余程ひどくなるよ。

吉本襄が来て、新聞に出た此の方のはなしを集めて、出版したいと言うた。大層困るから、さうさせて貰ひたいと言つた。勝手にしなさいと言うて置いた。

（序文はお書きなさらぬが宜しいです。新聞に出たのは大抵間違つて居りますから、と言ひしに）

ナーニ、目くら千人目あき千人だから、構やしない。吉本はイ、やツだよ。少し頑固《がんこ》だけれどネ。

注　山岡はむろん鉄舟で、維新後、明治天皇の侍従や宮内少輔などをつとめ明治二十一年に死んだ。千駄ケ谷は、何度も出ているように徳川本家。大久保は、ここはすべて大久保一翁である。一翁もやはり明治二十一年に死んでいる。鉄舟や一翁の死後の面倒をみることにからんで、徳川本家と海舟の関係の一端をしゃべったわけである。三位は、むろん家達。

山地は、十月初めに死んだ土佐出身の陸軍中将山地元治であろう。

吉本襄のところ、ここで話題にのぼっている本が、『氷川清話』で、この年十一月に刊行されて好評、『続氷川清話』『続々氷川清話』と続いた。なお、明治三十一年十月二十三日付談話参照。

明治三十年十月二十九日

「午後二時―四時半、戸川残花子あり」と注記されており、さらに、「戸川に対して談話せられつゝあり」と書いてから談話本文がはじまっている。今回は、巌本が行く前から戸川が先客としており、海舟が主として戸川を相手にしゃべっているのを巌本は傍聴筆記したもののようだ。古今の人物評が面白い。

深草の元政

深草元政は、大変好きなものだから、色々さがしたが、書いたものが少ないから、余程骨折つて手に入れたのサ。荘子が渡つたとき、第一に読んで味はつたものだから、歌は自然その気があるよ。西行のやうで、又変つて居る所がある。井伊の家来に、アンナのがあるのは珍しいよ。

あちらへ行つたときにも、能《よ》く調べたがネ。アレは、小姓で、大層なお気に入りサ。器量もよしネ。そのうち、フトある妓と心安くなつたが、女の方でも、余程あつくなつて居たのサ。スルト、誰かゞ、その女を身受けするといふ事になつたものだから、ひどくふさいでゐた。井伊公の言はれるに、「どうも、お前は、近頃工合がよくないやうだ、どこか悪くはないか」とお聞きになつても、イエ、何ともないと言ふのサ。「ダガ、己の考へでは、どこか悪いやうだから、よく養生して、一月も休むがイイ、それでひまをやるが、養生といつても、外にない、昼よく寝るがいい」と仰《おつ》しやつて、枕《まくら》を下すつた。スルト、枕が重くて、中に、三百両金が這入《はい》つて居たさうな。大喜びで、それを持つて、身受けに行くと、間に合はんで、自害したあとであつたさうナ。それで、世をはかなんで、坊主になつたといふのだが、ソンナ男ではないが、そのうちに、また旦那《だんな》が死んでしまつたのサ。それから、世を捨てたといふことだ。何しろ、友人は了介だと言ふし、外に才の用ゐ所はない。それにアンナ人の常で、自《みずか》らどれ程の才があるか、自分でも用ゐないから、知りはしないよ。なかなか卓越した所がある、エライものだ。

了介だつて、さうサ。僅かに、道普請《みちぶしん》とか何とかいふものがあとに遺《のこ》つて居るが、それは一部分の事サ。奥底の知れぬ所がある。どうもエライものだ。どうも白石よりも上だよ。白石は、将軍に用ゐられるし、充分に才を伸ばして居たのだが、了介はそれと違ふテ。

注　深草の元政は、江戸時代前期の日蓮宗の僧。京都深草に庵を結んだので、この名がある。彼が若いころに仕えたのは、彦根藩主の井伊直孝。話の中に出てくる「妓」とは、吉原の二代目高尾だということになっているが、海舟も疑っているとおり、俗説である。友人の了介は、熊沢蕃山で、備前岡山藩に仕えて功績があった。白石は、むろん新井白石。

徳川の家来の風

――（戸川残花）あの頃の人は、大キイやうです。あれから、あとの徳川人は小さいやうです。

ナニ、さうでないいて。初めから小さいのだ。何しろ、権現《ごんげん》さまに敵《かな》ふものがありやしない。天下の経綸《けいりん》などといふことは、権現さま一人でするのサ。外に、何も相談する必要がない。それで、ごく正直な手堅い人ばかりを用ゐたものだ。

本多佐渡《さど》が、僅かに多少、相談に預《あず》かつたやうであるが、アレはサギ師だから、ホンノ僅かの事を言うただけサ。よく歴史を御覧ナ。誰が家康に考へを申出したものがあるエ。ありやアしまい。信長などは、それと違つて、才子を用ゐた。それで、末路がアヽサ。権現さまなどは、才子はいりはしない。何でも、自分一人で考へるよ。だもの、それで、三代まで、誰だつて、少しでも手を出して敵するものはありやしないよ。

徳川の家来の風はそれだもの。たゞ真正直につとめて、困れば腹を切るといふやうに教へたもので、至極イヽ工夫サ。御維新前の時の通りに、百人が百人、みな金《キン》の采配を持ちたがるとは大変に違ふよ。

然し、大久保は、あれでもマア、大きかつたのだネ。その書いたものに、本多の事は悪く言うてるよ。それだから、徳川で、何か毛色《けいろ》の変つたことをしたものといへば、みな外から来た人だよ。白石でも、田沼でも、柳沢でもネ。しきりに金をこしらへた大久保でも、あれは甲州の信玄の家来だらう。徳川の臣が、みな正直だものだから、欺されてしまつたのサ。ダカラ、戸川などは、モツト大きく目をつけて、徳川の事を見なければイカンヨ。いかにも小さいからネ。

八田に歌を見てもらふと、少しも直さなかつたよ。アナタ方のは別だからと言うた。然し、一字二字の所を、これではかういふ意味になります、と言はれると、実に一言もないネ。それから、高崎正風に見せると、直に《じき》、コレがいけぬ、アレがいけぬと言うて、直すから、馬鹿にしてやつた。お前の師匠の八田さんは少しも直さないよつてネ。それから、大分遠慮しだしたよ。

松平上総介《かずさのすけ》が始終来て、歌をおよみなさい、およみなさいと言つて、せめかけたものだから、その頃はよんだのサ。

千蔭は、目あかしの御用達《ごようたし》（?）で、あのせはしい中で、あの筆と歌だ。実に驚いたものサ。

注　聞き手の戸川残花は、旧幕臣の牧師、また文学者。『海舟先生』の著がある。
　権現さますなわち徳川家康の、家来たちのうち、本多佐渡は、一度は一向一揆に加ったがまた許されて謀臣となった本多正信。二人でる大久保は「あれでもマア、大きかつた」と評されているのが大久保彦左衛門で、書いたものは『三河物語』。もう一人の「しきりに金をこしらへた大久保」の方は、金山奉行として腕を振った大久保長安で、甲斐の人。

田沼は、既出の江戸中期の老中田沼意次《おきつぐ》で、もとは紀州藩の足軽。柳沢は、五代綱吉に仕えて大老となった柳沢吉保で、上州館林から綱吉に従って幕府に入った。大久保長安を含めてこの三人は、生粋の旗本からみれば「外から来た人」になる。

八田は、薩摩出身の歌人八田知紀。高崎正風も同じく薩摩出身で、宮内省関係の職務を歴任し、宮廷歌人として名があった。

松平上総介は高家《こうけ》（幕臣だけれども武家の名流として幕府から特別待遇を受けている家柄）の源忠敏で、講武所剣術師範をつとめたこともあるが、また歌も詠む。海舟のところに「始終来て」歌をすすめたのは、海舟が軍艦奉行を罷免され閑居していた慶応元年ごろかと思われる。千蔭は江戸中期の国学者で歌人の加藤千蔭。長く町奉行所の吟味役をつとめた。書も上代様をきわめ、千蔭流と称される。（？）は巌本が付したもの。

明治三十年十一月十日

「支那」にからんで、内地雑居問題が顔を出している。日本は、治外法権の撤廃を主眼とした（第一次）条約改正に成功し、新条約は、明治三十二年から実施される手筈なのだが、外人居留地を廃止する代りに、外国人の、居住・旅行・営業・土地所有を認めることになるので、それがどういう影響を生むかが、この時期にしきりと取沙汰されていた。海舟の談話にも、このあと、繰り返し現われる。

この日、どういう情況での聞き取りなのか、巌本の注記が欠けている。また、このとき、松方内閣は、与党の進歩党との絶縁、大隈重信外相兼農商務相の辞職と、大騒ぎになっているのだが、今回の談話はそれに触れていない。

「支那人」

川崎三郎から、コンナ手紙をよこした。……それ御覧よ。ワザ〱支那に行つて、初めて気がつくといふ、何たる馬鹿らしい事だらう。西洋人の名にして、実は支那人が商売するといふ。それが利巧《りこう》なのだ。ソウすれば、第一、賄賂《わいろ》も取られないし、入費も少ないからナ。

——雑居後は、西洋人よりも、支那人が多く来り、我が国で商売をしませうか。

とても、来る訳がないよ。第一、ドンナ大きな商売がアルエ。何もありやしない。生糸《きいと》とか、茶とかいふのだが、それもアチラで、ア、はじめられては、モウ仕方がないよ。昨日も、人が来て、ソンナ事をはなしたから、さう言うたのサ。『とても仕方は無い。支那の偏境《へんきょう》へでも行つて、商売するのだ』と言ふと、「ヒドイ事を仰《おつ》しやる」と言うたが、それより仕方はあるまい。どうして、支那の大商が、コンナケチナ所へ来るものかよ。奉天府あたりの大金持と言つたら、それは〳〵大したものだよ。支那人は余程利巧だから、日本人のやうに、政府の事などをかれこれ言やあしないよ。日本人は馬鹿だから、政府の事ばかりやかましく言つて居るのサ。

——石炭は如何でせう。

石炭だつて、一たび機運が来たら、ドンナ所からでも掘り出すよ。

——張之洞《ちょうしどう》の失敗はどうしたのでせう。

あれは、まだ経験が足りないからだけの事サ。支那だもの。あちらから掘り出さねばならぬとなれば、ドンナ大仕掛けでもして、掘り出すサ。かねてから言はない事ぢやあないが、もう鉄道を布《し》くやうになつてきたら、仕方がないよ。

——「支那」評追加——

ナニ、支那が外国人に取られるといふのカエ。誰が取るエ。支那人は、他《ヒト》に取られる人民ではないよ。

香港でも、御覧ナ、実権は、みな支那人が持ってるジヤアないか。鶏卵《タマゴ》でも豆腐の豆でも、南京米でも、みな支那人から貰ってるジヤアないか。それで支那人は野蛮だと言ふやつがあるカエ。ナニが、文明ダエ。

注　川崎三郎は、『経世新報』を出した川崎紫山であろうか。「雑居」問題については、談話前の説明に述べた。

張之洞は、このとき湖広総督として近代工業の創設につとめていた。ここでいう失敗とは、この前年に、漢陽鉄廠が、石炭の供給不足から経営不振となり、盛宣懐に託して官督商弁としなければならなかった事実を指すのであろう。

明治三十一年一月二十九日

巌本は、前年の十一月十日以来、二ヵ月余も、現われなかったもののようだ。その間に、海舟が肩入れしていた第二次松方正義内閣は、崩壊している。松方は、進歩党との提携が断たれ大隈が閣外に去ったあと、自由党に接近を計ったが拒絶された。自由党も進歩党も、それぞれの党大会で、松方内閣退陣要求を決議、国民協会大会も同調、明治三十年十二月二十五日、第十一通常議会に内閣不信任案が提出された。松方はただちに衆議院の解散を命じたが、しかも同日、松方自身と西郷従道海相が辞表を提出して、態度が一貫しないと非難を浴びた。続いて二十七日、他の閣僚も辞表を提出、内閣は消滅した。

押しつまって十二月二十九日、伊藤博文に組閣命令があり、伊藤は、大隈重信と板垣退助とに協力を求めたが、二人の背後にある進歩・自由両党の要求と折れあえず、結局、年が明けて三十一年の一月十二日、井上馨・伊東巳代治・桂太郎・芳川顕正らを主要閣僚として、政党側の支持を得ないままに第三次伊藤内閣が発足した。しかし伊藤は、なおも自由党との提携工作を進めている。この一月二十九日は、そういう時期である。

この日の巌本の聞き取り時間は「午前九時より十一時」。また、「越後人、山口・久須見二氏あり、その談話中に参す」と注記されており、さらに、海舟の話を引き出す質問のすべてが久須見のものとなっているので、巌本は傍聴者であったのだろう。

内閣の更迭

――(久須見) 内閣があまりたびたび更迭《こうてつ》するやうですナ。松方内閣も、あまり脆《もろ》うがんしたナ。

ナアニ、早くよした方が好いのさ。去年の暮れ、ワシは、さうすゝめたのサ。『早くおよしなさい』ツテ。ダツテ、お前、あの人々がやり抜ける人々ジヤア無いぢやあないか。ウカ〳〵すると、どうにもかうにもならないやうになつてしまふのだから、『早くおよし、およし』と言つたのサ。どうせ誰が出てもみな同じことさ。

――(久須見) それでは、この末どうなるものでせうか。まことに心細いものですがノア。

どうナルツテ。どうなるものかネ。益《ます》〻《ます》困つて来るばかりサ。幕府の政治が悪いといつて、人才たちがやりかけたのだもの、仕様がないぢやあないか。ワシ等も、もう七十六だよ、どうなるものかナ。今朝も、早朝からやつて来て、しきりにあひたいと言ふから、今日は困ると言ふのに、是非にと言つて、出て来て、切《しき》りに苦慮して居るから、『何も、ソンナニ心配するに及ばん、心配したからツて、何にもならん』と言つたのサ。明治三十年からは、ひどいよと、たびたび言つたらう。忘れやしまい。エ、さうだらう。ナニ、恐れることがあるものか、これがまだはじめだといふことよ。わからんか。

──（久須見）それぢやあ、誰が出て救ふものでせう、まことにハヤ心細いことでがんすナ。

ナニ心細いものか、マア一万円お出しよ、やつて見せてあげるから。お前の所に、子供があるかエ。そして、学校へやるだらう。その子供がどうだエ、文明の学問だと言つて、本ばかり読んで、高尚《こうしょう》の事を聴きかじつて、口ばかしは上手だらう。そして、お前の言ふ事を聞くかエ。エ、ソレ御覧な。少しも聞きはすまい。そして、おやぢは頑固で困るなどと言つてるよ。その子が、ソウ文明だ文明だと言うてしやべつて居るうちに、倉には蜘蛛《くも》の巣が一ぱいになつて、遠からず家を倒してしまふよ。ソレを大きくして考へて御覧な、国民がさうなのだ。西洋の理窟《りくつ》ばかし聞きかじつて、それでみな貧乏するのさ。西洋の方では何と言ふエ。あんまり賞めもすまい。お猿だと言ふぢやアないか。

注　内閣更迭の事情は、談話の前の説明でのべた。海舟が「ワシは、さうすゝめたのサ」と答えているところをみると、松方の突然の辞職には、海舟の示唆があったのかもしれない。

郡県と封建

──（久須見）やはり、昔の方が善かつたのですかノ。

どうして、郡県といふものは、むつかしいものサ。清盛などは、アーいふ種だから、俄《にわ》かに出世もしたが、源氏などを御覧な。義朝でも、昇殿が出来ぬ。コウいふ所で、縁側の下で、土下座だよ。それで、実権が下に移つてしまつた。

国守でも、ツイに所領へ来やしない。秩父《ちちぶ》の庄司《しょうじ》重忠といふが、庄司とはホンノ属官だよ。それに任せて、都からコチラに来るものはないよ。スルト、庄司が段々取込んだり、金の抵当《かた》に流れ込みなどがあつて、知らぬ間に大きくなる。スルト、それ等が壮丁を養つて、互にけんくわをして、又互に奪ひあふ。段々に大きくなるよ。それで実権は下に移つてしまふ。当時、天子あることを知らないよ。

ダガ、今日ではネ、外国人といふものがあるから、ソンナ、をかしな芝居はやれないよ。その代り、実権が何処にゆくといふと、即ち西洋人の所へゆくのだよ。ワシのこの邸が、外国人なら、十五万円に買ふと言ふのよ。ワシはそれを待つて居るのだ。早く内地雑居になればこれを売る。スルト長屋のもの等も、「勝サンの時には大根五本しか買はなかつたが、西洋人が来てから二十本買ふ」と言つて、喜ぶよ。この近所が潤《うるお》ふよ。スルト、ワシが怒つて、『外国人にへつらふ売国の奴だ』と言つて、憤慨すると、みんながさう言ふよ、「勝サンは、どうも少し気が違つたやうだ」ツテネ。

長崎に居たとき、日本の女が西洋人には愛想がいゝよ。余計金がとれるからネ。それでワシ等は大層怒つたがネ。今ではをかしいよ。実に、気のきかないことだ。アレは、畢竟《ひっきょう》ヤキモチといふものだと、今では思つて居るよ。

ダツテ、お前、仕方がないぢやあないか。どうせ、実権が外国人にうつつてしまふのだもの。

注　「どうして、郡県といふものは、むつかしいものサ」は、唐突だが、古代の郡県制が崩れて封建制に移ることを説明して、いまの明治の郡県制の危さを警告したもの。秩父の庄司重忠は、畠山重忠。続いて出る「内地雑居」の話題については、前回すなわち十一月十日付の、談話前の説明に述べた。

小作米を貯へる

お前がたの方では、何カエ、小作から上る米は、モミを幾俵といふものを、年々貯へるのかエ。

エエ、さうは出来ない？　ワシはそれが大嫌ひサ。

サツキも東北のヤツが来て、米が高くなるつて、こぼすから、どうするのだと聞くと、外国米が安いので、大抵、外国米を食べると言ふのサ。気のきかない話ヂヤアないか。これだけ、米の出来る国で、日本の米が食へないといふことがあるものか。

少しばかりネ。二三十町ほどもつて居るものの家を世話して居るがネ。毎年、五十俵づつは、何と言つても、モミで貯へさせるがネ。それは面倒なもので、乾しもよくしなければならず、それでも減るし、鼠が食ふし、余程の損だよ。それでみンナがうるさがつてネ、あんな旧弊なことがあるものかテツテやかましくいつて、やめようとするがネ。何と言つても、承知しない。毎年五十俵だけは、貯へさせるのサ。馬鹿なことだと言つて居たがネ。この頃は少し感心したやうだよ。地面はもつと、小作といふものがあるからネ。サア、キ、ンとでも言へば、五升づつもやらねばならぬからネ。

注 「お前がたの方では」とは、話の相手が越後人だから、越後の方では、の意。

明治三十一年二月十六日

伊藤内閣の対自由党工作が続いている時期のものだが、その話は表面に出ておらず、回想と現在の雑事とが交錯しながら、問答が進んでいる。今回は、巌本の質問やまた注によって、彼の方からもかなりしゃべったことがわかる。聞き取りの時間は「午後四時より七時」。後半に、慶喜が天皇に面会にいく件の伏線となる話題が出ているのを、注意しなければならない。

フランスから借金

どうなすつた。どこかへ行つて居らしたか。雨にはなりませんか。また昨日から風を引いてるのですが、今日は無理に起されたのです。今年は寒くないと？　アンマリさうでもあるまいぜ。

横井はどうしたか、もう還つたかネ。

（徴兵猶予の事行はれざる事、寧《むし》ろ縮小、真の同志社教育を為《な》して如何《いか》んとの議ありなど語る。基本金の事に及び）

預けてあるのかエ。それがあてにならないのサ。地面でも持てばイ、ガノ。生徒は何人アルエ。もう潰《つぶ》してしまへばイ、ニ。ナニ、ぐるりから潰すのだから。

(原胤昭の事業を語る。その報告文、戸川残花記せしを語る)

ソンナ罪人ナンテ、余計ナ事ジヤア無イか。ヨセバイーニ。

(尋常流行の企にあらざる事。原の経験あること等を語る)

——外国から借金することは先方から貸しかけたのですか。

アレハ、小栗が尽力で、栗本は、あの事から監察になつたのサ。宣教師の周旋でネ。ワシは、初め引込んで居たから知らないが、大坂《おおさか》へ急に御用で行くといふ時に、言はれた。真に秘密で、誰も知らないのだからネ、(日記を出し調べながら)アー五月二十八日カナ。大坂へ行つてから、ワシはひどく反対の事を申したから。コチラに帰つても、大層通りが悪かつたよ。それで、民部が行つたので。タシか向ふから行つたかして、イヤ日記にある、横浜へは寄つたのだ。栗本も田辺もあの時に行つたのだ。

——何処かを抵当に取るといふのでしたか。

マダ、きまらない内だからナ。アノ事は大事ナことだから、書いて置かうと思うて居るのだ。将軍へはヨクさう申上げて置いたのだ。

注　横井時雄が第三代目の社長をしている同志社で学生の徴兵猶予などの問題について紛糾していることは、既述した。

原胤昭は、談中にも現われているように囚人保護事業を始めた人物。

幕末に幕府がフランスから借款を得ようとした話は既出（三十年四月二十二日付談話）。関係人物について、また海舟再登用の事情についてもそのときに注記したが、なお補足すれば、栗本鋤雲は、元治元年に「監察」つまり目付となって横浜に勤務しているときフランス公使ロッシュ等との連携に成功した。また、「五月二十八日」は、慶応二年の海舟再登用の日。今回初出の「民部」は、慶喜の弟の徳川民部大輔昭武。慶喜の名代でパリの万国博覧会へ派遣された。田辺は、蓮舟＝太一。

長州戦争

ソノ内、アーいふ事になつたからネ。ソレから慶喜は、後見職といふ格で、ワシに言ひつけたのサ。ソノ時、さういうた。『モシ一月余りも掛るやうなら、ベンベン、ダラリであつたらば、出来そこなひますから』と言うて、出て行つた。二十八日めに、京都に復命することになつた。ソレに帰つて見ると、宿屋もない、モウ冷淡な扱ひで、ひどいものだよ。慶喜は、モウ将軍職で、君臣の格だらう。ソレニ、原市などが付いて居て、ワシが大嫌ひだからネ。

——お帰りになる前、すでに休戦の通知があつたのですか。

広沢にあつて、井上聞太郎なども馬関《ばかん》へ引還す、それで、今頃だよ（五時すぎ）、直にその旨を書いて、竹にはさんで、急飛脚《きゅうびきゃく》で知らせたから、サキに着いてる。その晩『アス早く立ちますから、船を頼みます』と言ふと、「殿様のお持船を」と言ふから、『それはいけません、ヲソウ御座いますから』と言つて、一番の腕つこきを、八人で、翌る日、一日こがせた。その翌る朝、明石に着いた。アノ時、船が破れて、大層塩《しお》を冠《かぶ》つたから、行水してネ。それからまた船の方が早いといふので、又大坂までいつたら、今頃サ（五時半ゴロ）。それから、又早カゴで、京都へ、夜中に着いたのサ。紀州などは、ワシの船が出るとモウ、あとから煙を吹いて引取つてしまつた。明石の辺でも、モウ備《そな》へは半分にしてあつた。みな入用《いりよう》で、一日でも困るからね。あの時の「奉使始末」といふものがあつたが、誰か、もつて行つたか知らん、無くなつてしまつた。

——よく、アンナ時に、軍備を整へる金があつたものですな。

それは紅葉山の金を使つてしまつたのサ。黄金の二万両位はあつたし、分銅もあつたし、それでひどいことをすると思つて驚いたのサ。仏蘭西《ふらんす》から借りられる積りだから、ソウしたのサ。

注「ソノ内、アーいふ事になつたからネ」は、将軍家茂が慶応二年大坂城中に没したことを指す。その直後、まだ将軍職を継いでいない慶喜が、海舟に、長州との停戦交渉を命じた。海舟は宮島で長州の広沢真臣や井上聞多＝馨らと会見して、この使命を果すのだが、慶喜は、海舟がでかけたあとで、別の思惑から、天皇に休戦命令を出させ、海舟の交渉を徒労に終らせてしまった。

「原市」は、慶喜側近の原市之進。「お帰りになる前、すでに休戦の通知があったのですか」という巌本の質問が、休戦の勅命について聞いたのであれば、海舟の答えは、かみあっていないようにも読みとれる。海舟は、自分の休戦交渉の結果の通知と受けとって返事しているようだ。海舟は、あとから出た休戦の勅命を長州側に隠して停戦交渉に入り、撤退する幕府軍を長州軍は追わない、という約束をとりつけた。この約束だけが有効に働き、海舟からの報せを受けた幕府軍はただちに撤退を開始する。そのあとで高圧的な停戦の勅命を伝達された長州藩は、憤激して受取りを拒否した。、海舟に対しても、だまされたのではないかという疑いを持つ。なお、長州との講和談判については、三十一年十一月十日付談話に、詳しい模様が出ている。

「奉使始末」（奉使進止）は『解難録』に収められている。紅葉山は、江戸城中の宝蔵などがあるところ。

山階宮

――徳富は来ますか。

イヤ来ませんよ。この間、阿部が、来たつけネ。（昨今国民新聞に記載するもの、その筆記と見えたり）

――この間、天地人に大層長く、よく出して居ましたが、アレハ誰が来ましたかしら。

（聞き合せ、遂に川崎巳之太郎氏たるを知れり）

「天地人」だといふから、天の事を知つてるか。天の事を書いたものを貸してやらうかつて、言つたのサ。その巳之太郎といふのは、何をしてるのだエ。ヨク来て、ウルサイ奴サ。

二三日前にも、来たつけネ。会はなかつたが。

（この時、明日御陪食御都合により延引の通知書、宮内大臣田中光顕より来る。直ちに自ら返書を認《したた》め）

サア、これでイ、カ。オヤ、明の字がぬけたよ。アチラは立派《りつぱ》な手だ。コチラはひどいナー、サア〳〵早くやれ。ヲソヒと、己が書いたやうで、いけない。方々へ持つて行くのだらう、待たせて気の毒な事をした。なんといふ切りやうだらう（巻紙の）、内の人は、ホンニいけないよ。有がタイ、御陪食が延びて。風を引いてるしネ。コナイだも、お断りをしたから、明日は弱つて居たのだ。御都合によりとあるから、何だかしら。西京の宮様がお死になすつたかしら。昨日、人が来たとき、高崎はどうしたと言つたら、何だか、急いで西京へ行つたと言ふから、大方あの山階《やましな》の宮がおワルイのだらうと思つたよ。モウ、イケナイのかしら。お上《かみ》のお加減が悪いのなら、御不例と書きさうなものだ。御都合とあるから、ノウ、大方、宮様だらうナ。モウ八十の上で、あの方が一番のお年だ。大層字を善くお書きなすつて、大きな一字を書いたのを貰つてあつたが、どうしたか知ら。ワシが外国の事を調べて置いた、色々書いたものが、八十巻もあつたが、アノ宮様は、開けた方だから、コウいふものを見せたいと、高崎が言つて、お貸し申したら、西京の火事で、みンナ焼かれてしまつて、実に弱つたよ。コチラで写させるから、宜《よろ》しいと言つて、そのまま取られたものだからネ。アレハ、天子《てんし》のどうやらいふ事になつてるのだつたネ。

注　徳富は、むろん蘇峰。阿部は、民友社の阿部充家。雑誌『天地人』は、この年の一月創刊。なお、ここで話されている『国民新聞』や『天地人』記載の海舟談話のうち、重要なものは、われわれの『氷川清話』つまり講談社版勝海舟全集および講談社学術文庫の『氷川清話』に、増補収録してある。

「西京の宮様」こと山階宮は、伏見宮家出身だが、孝明天皇の猶子となって親王、つまり明治天皇とは兄弟の関係になる。この年、没。

高崎は既出の正風。

明治天皇

——御陪食の時は、天子のお話があるのですか。

宮様なども居らつしやるものだからナ。ソレニ、座がキマツテ居て、イツデもお上があちらで、ワシは此方側だから、ヨクお聞きなさるといふことだ。ソレデ、上らない時は、ヨク人に言うて置くのだ。長く椅子にかけるのが、実にたまらないからネ。

——伊藤サンを御信じになつてるといふのは、本当でせうかナ。

ドウダカナ。まさか、あれなら頼母《たのも》しいと思うても居らつしやるまい。馬鹿な方でないのだから。

——先生はどうなのでせう。

ワシは、イケマイよ。何しろ、敵の張本《ちょうほん》であるし、兵馬の全権を握つて居たので、大の悪ものになつて居たから。お附きからも、みなサウ申し上げたらう。恐らく、西郷と雖《いえど》も、サウであらうと思つて居る。ソレに、兵気がニブルからな。その辺は、此の方でも、チヤント知つてゐる。それで小人は小人の扱ひをしなければならない。ヨクそれを心得て居るから、なるだけ、上らないやうにしてある。それに、ワシは何でも構《かま》はずに言ふと、誰も思つて、コワがつて居るからナ。

——元田や吉井の居なすつた頃は、ソレでも宜しかつたといふ事です。

アノ頃は、ヨク勝はなんと言ふか聞けと、仰《おっ》しやつたことがある。それに、二三度伊藤サンを出し抜いた事がある。好んで、したのではないが、機が後《おく》れるものだから。吉井が来て頼むものだから、ぢかに申上げるやうにしたのサ。それから、イケナクなつた。それは、官の事といふものは、別だからナ。幕府の時でも、将軍に何か申上げる時は、是非、老中を置いて、ワシは言つた。だから、さういふ事はよく用心しないといけませんと、元田や吉井にも、言うたのサ。小人といふものは、小人でもあるまいが、ヨク相応に扱はなければならぬからネ。それで、元田でさへ、しまひには、枢密か、何かへ、追ひやられた。吉井は、薩摩だから、さうならなかつたがネ。

——千駄ケ谷様は、善く参内《さんだい》も為《な》さるのでせうな。

アレハ、さうとも。お上でも、大層御信用で、アレハ善いものだといふ思召《おぼしめ》しだ《さ》うな。

ソレに無邪気でまだ何も言やすまいつて、奴《こども》と思つてゐるからナ。

注　伊藤博文に対する海舟の評価が、よく出ている。「伊藤サンを出し抜いた事がある」は、三十年三月十六日付談話の、西郷寅太郎洋行のところ参照。元田永孚・吉井友実も、そのときに登場している。「千駄ケ谷様」は、何度も出ているように徳川家達。

徳川慶喜

アー、それからナ、コナイダ、有栖川の宮から、慶喜の方へ居らつして、是非会ひたいといふことであつたさうな。下屋敷《しもやしき》でといふことだつたさうなが、ナンデモ、大層せはしくて、今日一日といふので、馬車をもつて迎ひに来たさうな。それで、「ナゼ」と言ふので、「何分コウいふ身分だから、謹慎して居ります」と言うたら、「もうそれには及ぶまい」といふことで、伊藤もそのうちに会ふと言うたさうな。「どうだらう」と言ふから、『それはよからう、此の方で三十年突張《つつぱ》ツて置いたのだ、モウ又機を失つても宜しくない、何しろ外の大名とは少し違つて居らなければならぬ、宮様からワザ〳〵サウいふことなら、大きに宜しからう』とサウ言つたのサ。居ながらサウさせてやつた。うまく行つたよ。溝口が、「あなたは実に、いつまでもひどい」と言つたよ。

——慶喜さんは、モウ夙《とう》から、コチラに来たがんなすつたのでせうナ。

二十七年のことサ。コヽニ書いたものがあるよ。(二十七年七月、徳川家々政に関する愚存と題する四五枚の書付。大意)

宗祖の謙徳を叙し、維新の際、誤つて朝敵となりしが、宗祖の功勲を思召し、特に新たに家を継がせられたれば、其の仁政に謝し、御上の御政事の行はるゝに、苟《いやしく》も妨げ等を為す可《べか》らず、又慶喜公に対しては、公《おおやけ》の関係なし、私には充分の懇情ありとも、決して公事を混ず可からず云々。大久保山岡死去し、最早《もはや》、その意を知るものもなければ、認《したた》めおく云々。

それを書いて、紀州から名古屋の方へも、みんな廻してあるよ。慶喜は、上野に謹慎して居るうちに、彰義隊《しょうぎたい》の騒ぎとなつたから、水戸へ行つて、それから静岡へ行つたといふ訳で、無爵で無籍だよ。宮内省から、三位《さんみ》の養父のやうに書いてよこした事があるから、コチラから突込んでやつた。これは、以後養父と心得て宜しいのかと聞いた。

今日まで、私が突張つて置いたから、かうなつたのだが、もう好い加減機会の時にせぬと、機会が去つてしまふから、今度は、好からうツて、さう言つたのサ。どうして、慶喜公は、早くから、出たくて〳〵ならないのだからネ。近頃は、モウ、トント時世の事などは嫌ひで、芸人とか、何とかいふ軽いものばかりが好きなさうだよ。維新の時だつて、さう言つたのサ、『あなたの徳で、善い家来を持つたなどと思ひなさるな』ツて。第一、御先祖様が、非常な方であるし、御先代様がお若かつたが、大層善いお方で、余程望みを属されて居なすつた。それがあゝいふ事におなりなすつた。『私は、それで、コウいふ御奉行をするのであります。あなたに御奉公するのぢやアありません』ツテ。それは、ひどく言つたよ。慶喜公が、三度も頭を下げて、「お前に全く任せるから、善いやうにしてくれ」、といふことであつたからで、それであゝしたのサ。然し、実にひどい悪《にく》まれ役だと、自分でさう思つて、時々は情なくなるよ。然し、『今度は参内も済んだから、それから私も上つて見よう』ツて、さう言つたら、みなも初めて主意がわかつたか、大層恐れて居たよ。

ソウさ、初めは、何でも、四人程悪い奴が付いて居てネ、いろ〱けしかけたのサ。一翁などは、除いてしまふと、さう言うたけれどもネ、それに及ぶものかと言つて、放つて置かせた。今では、一人だけ残つて居るよ。

注　有栖川宮は、このときの当主の威仁《たけひと》親王で、慶喜との面会は二月九日。このとき、参内して明治天皇に会うようにとの内旨を伝えた。「あなたは実に、いつまでもひどい」と言った溝口は、旧幕府時代に陸軍奉行や勘定奉行をつとめた溝口勝如＝八十五郎。彼は、慶応三年末に田安家家老に転出したところ、田安亀之助が宗家を継いで徳川家達となったため、以来、徳川家の家政を担当し、また海舟と徳川家の連絡係のような立場にある。

慶喜が静岡から東京へ出て来たのは、明治三十年の十一月。維新のとき、水戸に続いて静岡に謹慎してから、ほとんど三十年ぶりであった。
『今度は参内も済んだから、……』は「済んだら」の誤りであろうか。参内は、三月二日。

三位

アー、三位も、この間薩摩へ行つたよ。柳川に叔母が居られるが、ひどく会ひたがつて居られるのでネ。それに、薩摩さんは、大変、三位と中が好かつたから、向ふでも大層喜んださうだよ。アー三位の（夫人）が近衛から来て居るが、島津へは、田安から行つて居るので、マア兄弟サ。

西郷への詩かエ、アーわざ〳〵持つて行つて貰つた。またこのやうな際は、ウツカリすると、馬鹿者が出て騒ぐからネ、アーやつて置いたのサ。（右、徳川三位、島津公の葬儀に会せらる時に托しての事。詩は人の知れる左の四絶なり）

俯《ふ》行七《ぎょうしち》十六《じゅうろく》　嘯傲大江東《しょうごうすたいこうのひがし》
知否九泉下《しるやいなやきゅうせんのもと》　海《かい》内亦濛濛《だいもまたもうもうたり》

徳川氏の奉還も、ただ奉還では済まぬ。万一の時には、又御用をつとめるだけの事をせねばならぬ。然るに、如何にも人物がない。又悲しい哉《かな》、私は老いました。それで上策を行《おこな》ふことは出来ぬ。第二策を行ふのであります、とサウ言つてあらあネ。

慶喜には、大層の子供サ。然し、もうみなそれぞれ片付いて、今では二人だけ残つて居る。その一人サ。コチラへよこさうとか、何とか言ふのが。

注　三位すなわち徳川家達が薩摩へ行ったのは、あとに出る厳本の注にもあるように、維新期の藩主で、ひき続き島津家の当主だった島津忠義（三十年十二月死去）の葬式に列するためであるが、『氷川清話』では、「鹿児島へ南洲の碑が建つについて」とも語っている。

慶喜の子供のこと、既出、また後出。

明治三十一年三月十四日

前回に話題となっていた徳川慶喜の参内が実現し、まずそれへの感想からはじまっている。海舟としては、本当に肩の荷を下したという感じだったのだろう。

「これで、徳川氏の事は首尾を全うしたから、もうこれで、又他の事をよくせねばならぬ」は、実感がこもっている。

巌本の注記は「午後三時半より六時まで、民友社阿部氏、勝田孫弥氏、先づ去る」とある。両人とも既出。さらに、談話に入る前に、左のような情況説明がある。

「『警備胸算』の冊子を示し、大久保が東京の警備に付き心配して聞きし時、これを出して見せたり云々。その緒言には、陸軍総裁となりたる日よりこれを作るとあり。

又魯士亜《ろしあ》が、徳川氏の初めより段々交渉せしに対し、徳川氏が種々に取扱ひたる秘記を写し置きたりとて、示さる。又、久光公への上申書控とありたり」

慶喜の参内

徳川氏の外交を、今の人は馬鹿にするが、さうでないよ。なかなかよくやつてあつたものだよ。

慶喜が参内《さんだい》の時は、破格のお取扱《とりあつかい》があつたから、お礼に行つたがネ、その時から、かう風を引いた。

もう彼《か》れ此《こ》れ送迎するものがあるし、慶喜は又得意になる人だからネ。この間もひどくサウ言つて置いた。昔から、功臣の殺されるのは、みなその功に誇るからだ。さうでなくとも、勢といふものが変るもの。功臣が邪魔にならあナ、ソレ位の事は、此の方などはよく知つてる。

これで、徳川氏の事は首尾を全うしたから、もうこれで、又他の事をよくせねばならぬ。萬朝に出て居るといふから、読んで見たが、それはどうも、アレヨリも、ひどいよ。アスコの家は、どうしてあんなか。みんなあゝだよ。山岡の死ぬる時でも、水一杯もやらず、たうとう会はなかつたといふが、ひどい残酷《ざんこく》の事だ。たいそう口惜しがつて死んだといふことだ。ワシなどは、あゝいふ事は嫌ひだ。ナンボ平生《へいぜい》ひどくしてあつても、親子の情といふものは、又別のものだ。葬式の時に、三四千円集つた。それを直記があゝして遣《つか》つたのだ。アレで、私は、もうどうも見込が無いと思つたよ。それで葬式の時、たうとう二千円出させるやうに、私が、千駄ケ谷へ行つて、させてしまつたのサ。初めは色々人が言うたがネ、後には、あの党のものまでが、アイソをつかして、あれでも、ようお世話をしなさるとさう言うたよ。

津田はどうかい。……アレは、それがいゝ。誰もかれも、もう金を貸さぬといふやうになりさへすればいゝのだ。直記などがもうそれだ。

同志社はどうせ潰《つぶ》れる。新島《にいじま》が居つたらば、尚《なお》早く潰れるといふ、コッチの見込だ。

注　慶喜参内にいたる経緯については、前回の談話および注を参照。参内は三月二日であった。天皇・皇后に会い、銀製菊紋章の花瓶一対、紅白縮緬《ちりめん》各一疋、三ツ組の紋章銀盃一組を受け、また、かつては自分の居城であった建物の各部屋や、天皇が移り住んでからの新しい施設などを見学した。参内の翌日、慶喜は勝家に挨拶に来た。その様子は講談社学術文庫『氷川清話』の「八　維新後三十年」小見出し「徳川慶喜公の参内」の本文および注が、最新の資料を使って真相に近づいたものである。

萬朝は萬朝報《よろずちょうほう》で、山岡鉄舟の家の関係記事が出ているのは、二月二十五日から始まった「子爵山岡直記の行方《ゆくえ》」と題したスキャンダルの連載である。十七回続いて三月十六日に完結するのだから、この日はまだ連載の途中で話題となっているわけである。津田は、これだけではどの津田を指すのか判然としない。

同志社のことは、前に何度も出ている。

奠都三十年祭

一昨日、宮本が来て、慶喜公をあゝやつて置いては宜《よろ》しくないなど言つたから、ひどくさう言つてやつたのさ。

もう書《しょ》の事は、実に気が悪くなるよ。墨《すみ》は月に十円も掛るからネ。糸などに、ワシモ、金がないから、書を書いてやつて置くとネ、実にひどいもので、それまで取つてしまふものがあるよ。巌本さんも、やつて下さいよ。印を押すつて、慣れて居るからだが、どうして大変なことだよ。

この間佐平（大橋）がやつて来て、奠都《てんと》祭の事を言ふから、ひどく叱つてやつた。ソレで此の方は新聞紙で断《ことわ》りを書いてやつた。その末文にある通りになるのサ。どうしてソンナ事で景気が直るものか、景気といふものは、ソウいふものぢやあない。ナニ馬鹿な。餅でもやる方がいゝや。

夜になると、丁度手紙が来るしネ。明日でもいいけれども、それでは又いけないから、読む。一々返事を出しては、大変だけれども、それでつかれるしネ。どうもみんな寄つてたかつて殺すのだよ。書記でも置いて、書かせようかと思ふけれど、コレまで一人でやつて来たものだからネ、ツイ辛棒《しんぼう》するやうになつてネ。

注　宮本は、旧幕臣で貴族院議員の宮本小一。糸は、既出の女中で海舟の三女・四女を生んだ増田いと。大橋佐平は、越後長岡出身の実業家で博文館の創業者。奠都《てんと》祭は、もちろん東京遷都三十年。海舟はお祭さわぎに反対で、委員になるのを拒絶した。

明治三十一年四月二十五日

今回は、どういうわけか勝家の経済事情に終始している。慶喜参内が無事に済んだあとの、海舟の気分を示すものであろうか。聞き取りの時間は、「午後二時半より五時半」。

三万円できた

——楽翁や越前の時は、倹約の外に、殖産の事もしたでせうか。

しなかつたのサ。あの頃は、倹約してさへ居れば、立つて行つたのだが、今では、とても、それではいけない。コレデ、盆スギになれば、尚《なお》ひどくなる。まだ〳〵、この倍にもなるよ。どうしても、これが成り立つ訳がない。畢竟《ひっきょう》、みんな乗りすぎたのだから。漸《ようや》く郵船の払込をコンドしまつたら、ノウ〳〵した。二万円出来たよ。外に、一万円と、都合三万円出来た。己が死んだら、千二百円づつは入るだらうと思ふから。ひどく苦しんで、やつと出来た。とても年がなくて困ると思つてる中に、増株になつたから、それでやつと二万円出来たわけさ。外のを売つてネ。……ナニ、アレはきつといゝと見込をつけたのサ。外の会社は、兎《と》に角《かく》、郵船はどうしても盛んになるわけで、あれがいけないと言へば、つまり鎖国だからネ。あれが、いけない位になると、何もいけないのだから。然し、外のも混《ま》ぜて、別に一万円ある訳サ。己が死ねば、みんなに別《わ》けてやるものが、千二百円は年に入るといふ積りだ。梶《かじ》が二千五百円。疋田が千九百円。それぞれ公債がやつてあるが、それは家内の方で管理してあるのサ。利子で、又々殖《ふや》してやつたのだが、今ではそれを当《あて》にするものだからね。疋田の家は、建てゝやつたのサ。地面は、永代借の事にしてある。これが、徳川氏のものになるのだから。つまり、永代借りられるのサ。今では、毎月五百円づゝ入るのサ。月給の足し前は、ワシの生きて居る内は、株の利子を遣《つか》ふからネ。家禄には、少しも手をつけない。又これを遺《のこ》して分ければ済むが、それではよくないから、これはみナ奉還するのサ。

注　巌本の質問の「楽翁や越前の時」は、寛政改革と天保改革。
　梶は、海舟の長崎時代にできた妾とその子の梅太郎で、子供も母の姓を名のっている。疋田は既出のように、海舟二女の嫁《とつ》ぎ先。家禄奉還方針については、既述、また後出。

洗足軒

さうとも、まうけない金だから、それだけためるのには、実に骨が折れたよ。あーすればまうかるといふ事は、善く知つて居ても、曾《かつ》て、まうけたといふことはない。何でも、血を流した金でなければ、長くないと、かう思つて居るから、それは〳〵苦辛《くしん》したものサ。今では、田舎《いなか》から、干物《ひもの》とか何とかしかくれないが、元は随分によこしたものサ。又お上《かみ》から五百両も下さると、封のまゝ千駄ケ谷へ預ける。二度もたまると、それで公債を買ふといふやうにした。それでたうとう三万円になつたからネ。孫には、千束《せんぞく》の地所と、月十円ほど（二千円ホドノこと）つけてある。つまり、独立の出来るだけにはしてやらなければ、親のない子だからネ。それはワシが不承知を言うてをる。あれを慶喜の子にめあはすといふのだが、それはワシが不承知を言うてをる。

山林カイ。何分利がうすいものだ。三町ほどは持つてをるがネ。然し、木が余程大きくなつたと見えて、先達《せんだつ》て、荒れて大層折れたのを売つて入費に遣《つか》つた残りを、百五十円ほどよこしたよ。だが、二十年ほどは、一文も取らないからネ。大きくなると、火をつけるものだから、下枝をみなやつて居るのサ。

――「千束の地所」および「山林」について追加――

洗足《せんぞく》村の別荘かェ。あれは津田がすゝめるので、行つて見て、ワシは津田のお伴《とも》で、津田が旦那よ。何でも二百五十両か何かで、やすいから言ひ価《いね》で買つて、そのまゝ元の持主をいれて、預けてあるのサ。持主も顔が立つしネ、臨時の収入もあるので、大層よろこんで大事にするよ。ちつとも行つてみたことは無いがネ、その后《ご》、だんだん、ぐるりから売りこまれて、今では、大層、大きなものになつたよ。門も何もこしらへないものだから、宮本などが、あれは、あんまりひどい、も少し手をお入れなすつたら、とよく言うたが、いつの間にか、大へん、好い景色になつて、空気などは恐しく良いさうな。高田が病気の時、行つて、少しばかり居つたら、それは空気が別だと言つたよ。この間は宮本が来て、久し振りであの別荘を見ましたら別ものゝやうに成りました。実に恐れ入りました、と言うたよ。なンにも手をかけないのだがネ。それで、この頃では、百合《ゆり》とジヤガタラ芋を余計植ゑさせるのサ。百合はまた馬鹿に大きくなるやうだ。それを貯《たくわ》へさせて置くのサ。マサカの時の用に立つかラネ。

安部川《アベカワ》のサキの方に、山林を一つ持つてるのサ。欲しくつて買つたのヂヤアない、ころげこんだのサ。行つて見もしないがネ。それを近所の人に任せつきりで、どうでも善いやうに任せつきりで、どうでも善いやうにしてくれつて放つて置いたらネ、もう二十何年とたつから、それは、木が大きくなつたといふことだ、スルト、近所近辺の人が寄つてたかつて大切にしてくれてネ。乱伐でもしようものなら、それはひどい目にあはせるといふことだ。小さい家を一軒建てゝ置いたがネ、みンナが大事にしてくれたさうなが、それは学校にでも用ゐたらよからうと言うてやつたのサ。ナニ、此の方が山林の処置をアレで学んだのサ。

注　千駄ケ谷は、何度も出るのでくどいようだが徳川家。孫は、既述のように長男小鹿の娘。この娘と徳川精《くわし》との縁談について海舟はそのつど少しずつ意味の違う発言をしているので迷わされるが、結婚させるというのは、海舟自身の発意である。財産問題や家禄奉還方針との関係で、表現の仕方が微妙に変るのだと思われる。

千束の地所とは、当時東京府下荏原《えばら》郡馬込《まごめ》村南千束（現在、東京都大田区南千束）の土地のことで、海舟はここを、津田仙のすすめで購入、洗足軒を営んだ。海舟の墓も、ここにある。末尾に追加した「洗足村の別荘かエ……」は、この洗足軒についてで、洗足村すなわち千束。

明治三十一年六月四日

「横井小楠三十年祭の時」と注がついている。小楠が明治二年の正月に京都で暗殺されてから三十年になるわけで、この記念式は、東京の星ケ岡茶寮で営まれた。

小楠三十年祭

（楼上にて先生少休の際。議員某、元田の弟子なりとて初対面の時）

さうですかい、元田とは、私はひどく懇意にしました。もう、あんな人は在ません。だまつて居て、議論はせず、それで誠実で、しつかりして居て、とても熊本には、もうありません。さう言ふと、また悪口のやうだがネ。（人みな笑ふ）

（楼下にて）

横井などは子供の時から来たが、それが、もう理窟《りくつ》を言ふやうになつたから、もうお間《ひま》だ。昔の身分のよいものは、みんな成下つて、身分の悪いものばかりが、出世したがネ。それも、あまりエラクなると、みんな死んでしまふよ。学校などでも、大きくなると、潰《つぶ》れる。特志《とくし》者を教へるといふのでもないから。どうも、大抵物事は内より破れますよ。

注　楼上・楼下は、別述のように星ケ岡茶寮。元田はもちろん元田永孚で、小楠の後輩、弟子といってもよい。

海舟は、熊本の人物は小楠と元田永孚だけだという意見である。

談中の横井は、息子の横井時雄で、何度も出ているように、このとき同志社の三代目社長。

明治三十一年六月十九日

第三次伊藤博文内閣の自由党工作は、結局、完全に失敗、井上馨蔵相の計画した地租増徴案は、自由党と進歩党の一致した反対で、この日の少し前、六月十日に、衆議院で否決されてしまった。政府は、即日、議会を解散したが、この時期、自由・進歩両党合同の話が進んでおり、この三日後、つまり六月二十二日に、憲政党の結成式がおこなわれる。今回の談話の終り近くに「民党の合同」云々との発言がみえるのは、そのためである。巌本の訪問時間注記は、「午後三時より七時」。また「吉岡育及び越中人某、その後に来る」と付記している。

新島襄

新島は少しは出来る男だと思つたから、それで、ひどく言うてやつたのサ。初めから、とても出来やしないと言うたのサ。どうして、仏徒などの初めは、大した苦労だから。僅かに、五人六人しか有りはしないが、その人々の苦心といふものは、エライものだ。第一、学問が淵博《えんぱく》で、外の事を大そうよく知つて、それから自分の宗旨の事を言ふのだもの。新島などは、たゞ仏教が悪い悪いと言ふだけの事で、何も知りやあしない。ワシの方が、まだ仏書を読んで居る位だもの。それで、どうして出来るものか。耶蘇の人は、これまで、何も出来やしないよ。津田でも、あの通りサ。それで、新島が死んだ時に、みんなにさう言つたのサ。どうせつぶれるから、潰《つぶ》しておしまひ、そして、銘々自分だけの一機軸を出してやるが善いと言うたけれども、わからない。どうして、〇〇のやうなもので、出来るものか。あの微力で、如何ともする事は出来まい。それに、事を遂げるものは、愚直でなければ。あー才ばかり走つてはイカヌ。

ナニ、金を返さぬと言ふのかエ。確かに貰つたといふ証拠があるのかエ。借りたものを返すやうに、そんなことをさせぬやうにと言うて、教法を説くのではないか。それで、自分でさういふ事をするといふことがあるかエ。ナニ、十五万円。どうして、それが返せるものか。(以下来客) ホンノ一時の興にのつて聞くものがあつて、それで教へが弘まると思ふといふ、ソンな事で、どうしてなるものか。イヤ、誰が賛成するの、コウで都合がいゝなどといふ、ソンな事で、教へが弘まるものか。

注 新島襄と同志社、また新島の後継者たちについては、二十九年十一月三日付談話および注を参照。このとき、小崎弘道を経て横井時雄が三代目社長だが、アメリカ伝道会社との関係断絶、学生の徴兵猶予特権と社の綱領のおりあいなど、苦難が続いている。なお、「津田でも」の津田は、津田仙であろう。津田梅子の父親で、農業改良事業家であると共に、キリスト教界の草分け。

肥後人

西郷は、肥後人が大嫌ひでネ。肥後人は、利巧《りこう》で、やかましく言ふが、間ぎはにゆくと、フイとぬけてしまふ。横井の事は、もう段々言はなくなるだらうよ。弟子の善いのがないからネ。池辺かイ。あれがまあ少し変つて居るのサ。太田黒。コナイだ来て居た、アレサ。やかましやで、実に困らせたよ。みんな年をとつてしまつて、忘れて居たよ。

小楠を殺したのは、誰の組か知らん、やはり河上彦斎の手だらうよ。

長州派は殆《ほとん》ど小楠の功をみとめず、又たいていのものは、別段、その経綸《けいりん》をみとめなかつた。非凡な大きな考へだから、とても通俗にはわからなかつたテ。

西郷にはトウ〳〵会はなかつたよ。然し、横井の意見を西郷が行《おこな》つた日には仕方があるまいといふのがコチラの考へであつた、トウ〳〵さうなつたよ。

不動サンに、檀家《だんか》から金屏風《きんびようぶ》を寄進するといふので、書いてやつた。ナニ、己の詩を書いてネ。一番おしまひに、不動の詩を書いた。

天《てん》神《しん》本《もと》至《し》誠《せい》、憤怒百邪驚《ふんぬすればひやくじやおどろく》、握手降《てににぎるはこう》魔《ま》劒《けん》、一揮救蒼生《ひとたびふるわばそうせいをすくわん》。

不動は、大キラヒでネ。金ばかり取りやあがるからと言つて居たら、浅田の息子が、あの辺の男で、来て話したよ。不動さんは、金を溜《た》める事が大嫌ひださうな。先々の坊主が、金をためたところが、段々衰微した。今度の坊主は、それをやめたところが、再び盛んになつたソーナ。毎日〳〵ゴマをたくだけで三百円も上るさうな。それをずん〳〵散らすと、いよいよ盛んになるといふので、己はたいへん好きになつた。此の方も、不動サンの友達だ。

注　ここの横井は、父親の横井小楠。つまり、肥後人では横井小楠が例外だというのである。「あれがまあ少し変つて居るのサ」という池辺は、これだけでは父親の吉十郎（西南戦争で西郷軍に荷担、死刑）を指すのか、息子の吉太郎（＝三山、朝日新聞主筆）の方なのか明らかでない。ただし、吉太郎＝三山は、生前の小楠には無関係。

民党の合同

慶喜が来てから、又せはしくなつてネ、一門へ行つて、それぞれこれまでの主旨を話さなければならぬ。これまでは、『あちらへ往来をなさるな』と言つて、止めてあつたのだ。党を作るやうになるし、考へがあるからネ。それが、今宮様が御《お》骨折《ほねおり》で、お上《かみ》からあゝなすつて下すつたのだから、真に有りがたいと思はねばならぬ。うまく行つたと思うては、又間違ふからね。それで、『これからは、モウお出でになつても宜《よろ》しい』と言うてやると、「さういふ御主旨でしたか」と、大層感心したが、今では、反《かえ》つて、誰もゆかぬよ。宮様ばかりの附《つき》合《あい》だからね。お上へ出ると、皇后様が、椅子を賜つて、おもてなし下さる、コの上は無いからネ。

旧幕といふと馬鹿の骨頂であつたが、藩閥といふと、今では誰も嫌がるやうになつた。実に不思議のものだ。

民党の合同は、善からうと言うてやつたのサ。段々あの中で研究を積むからネ。今の政府と民党とは、丁度いゝ相撲《すもう》だよ。どつちかゞ優れて居つて見なさい、相撲にはなりやしないよ。だから追々《おいおい》下から取り上げるのサ。ただ、天稟《てんぴん》のものは、ぢきに張出《はりだ》しだけれども、先づ大抵のものは、段々に上るのサ。もし谷風が居れば、相撲にはならないよ。

政府の方でも、党を作るといふから、それには第一、枢密院の方が善いと言つてやつたのサ。大臣などは変るからネ。枢密院のもの等は、先づ変りもせず、だまつて居るから、一番いゝ党派だと言うてやつたのサ。

どうも、みんな、人間を生きたものと思はないやうだ。ソレデ、ワシは、よく言つてやるのサ。どうも、あなた方は、人間を死んだものゝやうに思つて居なさるのが悪い。メシを食ふ、生きたものだから、そのつもりで扱ひなさらねばなりませぬと言うたのサ。

注　「慶喜が来てから」は、既述のように、静岡から東京に移ったことを指す。また、慶喜参内に骨折ったのは、これも既述のように有栖川宮家のこのときの当主、威仁親王。

「民党の合同」については、本日分談話の前の説明で述べた。谷風は、二代目谷風が横綱第一世。

「政府の方でも、党を作る」は、伊藤の政局切り抜け策の一つだったが、実現しない。

明治三十一年六月三十日

伊藤博文は、六月二十四日、遂に辞表を提出した。代って内閣を組織することになったのは、できたばかりの憲政党の、大隈重信と板垣退助である。いわゆる隈板内閣の成立は、この六月三十日。しかし、今回の談話には、政局のことがほとんど出てこない。

「午後三時より六時まで」、また「陳白、副島八十六、松村介石の三氏、聴聞《ちようもん》中なり」とあるが、陳白については特に重要なので、本日分末尾の注であらためて述べる。聞き取り時間が短いわりには、筆記録が長く、話題もまた多岐にわたっている。

和漢西洋の書物

ナニ、書物を読んだものはありやしない。太閤でも、信長でも。北条などを御覧ナ。伊達政宗は六十二になるまで、隙《スキ》さへあれば、天下を取るつもりであつたよ。すると、もう治《おさま》つてしまつたから、それから稽古《けいこ》をしたよ。ナニ、家康だつて、この方の方が、よツぽど本を読んで居る。

若い時は、本が嫌ひで、手紙でも書きはしなかつた。元、剣術遣《つか》ひの方だからネ。四年ほど押込められてる時に、ひまで仕様が無いから、読み出したのサ。朝は西洋サ。昼は漢書、夜は日本の雑書で、大抵読んだよ。漢文は今でも読めないよ。西洋学者だから、字引で読むのサ。四年やつた時に、さう思つたよ。もう四年もやれば、余程の学者になる。本読みになるのは、楽なものだと。さう思つたよ。

剣術の前は禅学サ。それでも、今のやうな禅学ではないよ。剣術でも技《わざ》には限りがあるから、その上は心法だ。至誠を明らかにせねばならぬ。後には、つまらない事をしたと思つたが、事に当つた時、役に立つたよ。かうやつて居て斬《き》りつけられたことなどは、度々《たびたび》あつたが、何時でも、こちらは抜いたことはない。始終、手捕《てどり》にしたよ。だが、先生方がその真似をしたら、直に斬られてしまふよ。

その字引は、弘化四年秋としてあるだらう。ヂウ、ハルマといつて、和蘭《おらんだ》と仏蘭西《ふらんす》の対訳であつたのに、ヘンデルキが日本語を入れたのサ。日本語は、通詞《つうじ》や、唐通詞に聞いたのサ。第一世ナポレオン騒ぎで国へ帰れず、長崎へ二十年もこもつて居る間にしたのサ。

注 「家康だつて、この方の方が」の「この方」は、何度も出ているように海舟の一人称。

「四年ほど押込められてる時」とは、元治元年末に軍艦奉行を罷免されたあとのことを、ごく大雑把《おおざっぱ》に言ったのであろう。実際には四年間も連続して「押込め」られていたわけではない。禅は、剣の師島田虎之助のすすめで、二十歳前後のころに修業したというから「剣術の前」というのはどうだろうか。

「その字引は」のところ、有名な、日蘭辞書『ヅーフ・ハルマ』を筆写したエピソードにかかわるもの。

弘化四年に写しはじめた云々という自分の後書きを示しているのである。本日の談話に二度出るヘンデルキのうち、この字引の話のところのヘンデルキは、十九世紀の初めの長崎オランダ商館長だったヘンドリック・ヅーフで、ハルマの蘭仏辞書にヅーフが日本語を入れたから『ヅーフ・ハルマ』である。このとき、オランダ本国はフランスに、インドネシア植民地はイギリスに占領されて、ヅーフは、長崎に孤立していた。

青年と老年

長崎へ留学の時は、外国から来るものには、みなワシが会つたのサ。そして鼻息《ハナイキ》を窺《うかが》ふ役目だから。ちツぽけな船の船長だが、船長だから対等の交際でネ。それで、何もかも打ちあけて話したよ。

ヘンデルキが、「お前は日本の海軍を起す人だが、海軍には金がいるから、その積りで財政の事を知らねばならぬ」と言うたから、それで財政々々と言ふのサ。

ナニ、ワシなどは足がきかないし、やむことを得ず、かうして居るのサ。若いうちには、出来るものでないよ。然し先生方の騒ぐのを見ても、少しも驚かないよ。此の方自身もさうやつて来たのだからネ。『ハ、ア、あすこをやつて居る』と思ふだけサ。それで、ワシは言ふのサ、『若いうちは、それでなければならないから、何ぼでも騒ぎなさい。然しそれでいゝと思はないやうになさい』と言ふのサ。

かうやつて話をすると、諸君が寄つて、色々相談して、名説を考へて、明日やつて来る。すると、ワシはこれを謹聴して、『なるツ程、如何《いか》にも御名説だ』と言ふと喜んで帰るよ。するど、よツぽど馬鹿な人だといつて笑はれるよ。それ御覧ナ、機があるものだもの、機が過ぎてから、何と言つたつて、それだけのことサ。

家康が大坂へ出陣したのは七十一だよ、ナニ、あれ位の城を遠巻きにでもすれば落ちてしまふのだが、それでもわざ〳〵自分で出かけるぢやアないか。

注　ここに出る二人目のヘンデルキ、すなわち海舟にむかって「お前は日本の海軍を起す人だが」云々と教訓したヘンデルキは、幕末の嘉永五年から万延元年にかけて、やはりオランダ商館長だったヘンドリック・ドゥンケル・クルチウスで、海舟は、この人の在任中に長崎で海軍伝習を受けたわけである。

文明の流儀

こなひだも、張などがやつて来て、「今度は、陸軍省の方で、大層、鄭寧《ていねい》にしてくれた」と言つて喜ぶから、ワシはひどく癇癪《かんしやく》に障《さわ》つたから、『ナニ、馬鹿ナ』と言つて、怒つてやつた。戦争をして勝つと、チヤン〳〵だとか何とか言つて、居たぢやアないか。先生方だつてその仲間だらう。世界に輝かすとか、何とか言つたんだらう。それで、今では、又、支那々々と言ふ。そンな事で、何があてになるものか。いよ〳〵悪かつたと思ふならば、それだけ謝して置かねばならぬ。今ジヤア人気が変つたと言つて前の事を忘れてしまふといふのは、済むメイジヤアないか。ワシの流儀はソウダ。コツチは野蛮だからネ。文明の流儀といふものは、どうもわからないよ。

朝鮮を独立させると言つて、天子《てんし》から立派なお言葉が出たぢやアないか、それで、今ぢやア、どうしたんだエ。

慶喜公が、「お前は何年でやるかエ」と言はれたから、『サウです、先づ、あれのした事は道理があると言はれるのは、十五年、尤《もつと》もだと言はれるのは二十五年、四十年立なければなりませぬ』と言つたら、「途方もないことを言ふ」と言つたよ。四十年立つて御覧ナ。息子の代になれば、何でどうしたのだか、忘れてしまつて、その綱《スジ》ばかり残るよ。

維新の大業だつて、先づ五十年サ。どうして、さう早く出来るものか。憲法などといふのは、上の奴の圧制を抑へる為《ため》に下から言ひ出したものサ。それを役人等が自分の都合に真似《まね》をしただけの事サ。

君方だつて、親仁《おやじ》の野蛮な血が半分残つてる。それから又半分残る。野蛮と文明の間《あい》の子《こ》だよ。どうしてさう早く変るものか。

注　「こなひだも、張などがやつて来て……」のところ、『女学雑誌』に掲載されたこれと同趣旨の談話では「近頃来た支那の留学生を、大層丁寧に扱ふさうだ、それで、その仲間が来て、大変悦んで話すノサ」となっているので、張というのは、留学生か又はその関係者なのであろう。既出の張之洞の孫の張厚琨も留学するが、時期はもう少しあと。ここのところ、まさか誤解はないと思うが、海舟は、日清戦争のときには「支那」をぼろくそに言い、いまはまた情勢が変って「支那」を持ちあげている日本人に対して、怒っているのである。念のため。

耶蘇教の事

蘭学では、今の人は余り知らないが、豊後《ぶんご》の臼杵《うすき》に三万石ばかりの家老で、帆足万里《ほあしばんり》といふがある。あれは、なかなかの学者で、えらいものだよ。漢文でヘンリー……といふを書いた。二十人ばかり書生を置いたよ。おかみさんが立派な人だつたが、かういふ縁側に三味線引などを呼んで、引かせて聞いてるのを、少しも構はない。書生等が、昼、まツ躶《ぱだか》で寝て居るのを見廻つて、アハハとたゞ笑つて居たといふことだ。

耶蘇《やそ》教の事は、長崎に居る時分にも放《ハナ》つてやつたよ。瓦解《がかい》の前に、仏蘭西の宣教師で、ドレーキだつたけ。天堂建立《こんりゅう》を願つたので。日本人を入れなければ、宜《よ》いといふので、建てさせた。すると、日本人が這入《はい》つたのをみな捕へた所が、ドレーキが、ひどく怒つて、掛合《かけあい》に来たさうな。夜遅くだつたが、ドン〳〵戸を叩《たた》いて人が来た。ドレーキがかうかうで、大変だと言ふから、『ナニ馬鹿な事があるものか、逐返《おいかえ》してしまへ、明日外の用事があつて、英吉利《いぎりす》の公使へ往くから、その節お話をすると言つて、返してしまへ』と言つた。そこで、明くる日、英吉利公使の所へ行つて、ドレーキを呼んで貰つた。その前に、牢《ろう》へ這入つたものをみンな出してしまつて、百両宛やつたものだから、みンな礼に行つてらあネ。それはまだ表向になつて居らぬから、私はドレーキにさう言うた、『昨晩は、お出で下すつたさうなが、折悪しく失礼致しました。今日、外の用事で、こゝまで参りましたから、こゝで御目にかかりますが、あれは、真に当方の過《アヤマチ》で御座いますから、みンな解放してしまひました』と言うた。すると、驚いて、「どうして、あなたはさういふことをなさいます」と言ふから、『ナニ、私は外に知りません、宗教の事も存じませんが、もし横浜中のものが、皆あなた方を信じてしまへば、致し方がありません。天堂へ這入るのを押へた所が、効がありませんから』と言うたら、大層、油をかけたよ。それから、ドレーキが非常に骨を折つて、己の方の肩を持つたよ。そこで、談判をしたから、外の事もずつと通つた。その時、諸外国の公使はみな居つたツけ。

サトウがその節の書記生だから、よく知つてるよ。それで、こちらでは悪ものだが、あちらでは、大層、通りが善いよ。チヤンと、記録に載つて居るといふことだから。ア、、パークスとは大変、仲が好くて一番贔屓《ひいき》にしたよ。ドレーキが手紙をよこしたのが、あるよ。ナニ、あゝいふのは、その党で固まつて居るから、ごく、為《な》しいゝよ。然し、西郷などは、言葉が通ずるから、何も困ることはない。外国人の方は、随分、骨が折れるよ。

それで、明治政府になつてから、捕へたのサ。その時、西郷が相談するから、『ナニ黙許するのだよ』と言つてやつた。

アー、西洋では、いつも礼賛堂へ行つたよ。大層、褒められたよ。世話をしてくれた親仁《おやじ》がごく熱心だつたから、その息子などと一緒に行くとネ、ホーリー、ゴースト〳〵で固めて祈つてるよ。息子が、親仁の祈つてるのを指をさして、オレの顔を見て笑ふのサ。

注　豊後日出《ひじ》の帆足万里は、儒学者だが、中年を過ぎてから蘭学を独習、西洋自然科学の影響を受けて『窮理通』八巻を書いた。

耶蘇教のこと、横浜に最初の天主堂を建てたのは、フランス領事館付司祭のジラールで、文久元年。そうして、翌文久二年の正月、その天主堂で日本人約三十人が捕縛される事件が起っている。サトウは、日本通で知られていたイギリスの外交官。パークスはその上司の駐日公使。なお、明治政府がキリスト教を「黙許」したのは、明治六年。

一人も同志はないよ

初めて軍艦が来たのを見にいつたよ。十八の時でネ。今の壮士サ。六七人連《づれ》でいつたよ。その時は、大変な騒ぎサ。ポーハタン、ミスシツピーの二艦と、その外は帆前船《ほまえせん》サ。あれは、米国へ行つた時に、よく調べたが、第一世ナポレオンがヘレナ嶋に流されてから十七年目に、欧米各国の公使が寄つて、相談をしたのサ。段々食へなくなるので、東洋の方に貿易を開かうといふことに決議になつて、英仏が先づやつて来た。この頃は、支那、印度が目あてサ。すると、支那で林則徐といふ攘夷家《じょういか》が居つて、亜片《あへん》の騒ぎから戦争が起つて、かれこれして居る中に、亜米利加《あめりか》は、後尾であつたが、あちらからずツと日本へ来たので、先が後になり、後尾が先になつたのサ。

その前に、和蘭からも、手紙が来て居るけれども、信じやしない。これはかう言うて、はめるのだと思つてるのだもの。

支那はどうして大きなものだからネ。小藩の人を御覧ナ、二三千人だから、今日布令が出ても、明日は直にわかる。そして、利口だよ。気が利《き》いてらあネ。大藩になると、一月も二月も通りはしないよ。それで、馬鹿だから。又利口も出来るが、その利口は大きいよ。支那などに出来る人物は、恐しい大きなものだよ。

牛荘《にゅうちゃん》から来たものに聞いて見たら、日本に来る綿が八百万円。豆が大変だ。豆腐の豆までさうだよ。

三十年前、長崎で調べて置いたが、貿易は二つだ。日本はどうしても、フリーハンドルでは出来ぬよ。さきから〳〵取次いで売るのでなければならぬよ。先づ茶でも糸でも、御覧よ。まことに僅かなものだよ。支那では、官から奨励したのでも何でもないが、あンなに出来る。支那の官吏は寧《むし》ろ物産の邪魔をする位のものだよ。

ナニ、ワシは一人も同志はないよ。同志といふのが嫌ひだから、今朝も、色々伊藤の事を言ふから『さう言ひなさんな』と言つたのサ、『お前でも、己でも、二十年も侯爵様なら、大抵、世に後《おく》れらあネ。お前でも、そンな事を、伊藤の所へ行つて言うたか』と言ふと、「言はぬ」と言つた。それだもの、みンな賞める人ばかりに取巻かれて居れば、さうなるよ。

ワシなどは、元、とンと、望みがなかつたものだからネ。貧乏でねエ。メシだつて、一日に一度位しか食べやしない。それで十分だもの。

ナアニ、それがいゝのサ。己などは、早く西行や一休《いっきゅう》のやうになれば善かつたと思つてるのサ。馬鹿らしい、つまらねエ事に引かゝつてしまつた。初から隠居の出来る人は。それがいゝのサ。

これでも、五十年も政治の飯を食つたから、少しは知ツてらあネ。今日《こんにち》いろ〳〵に言うて来る人があつても、みな昔と同じ事サ。ワシの方で、陳腐《ちんぷ》だと思ツてるよ。

ナアニ、この単物《ひとえもの》のやうに、旧いのでも、糊《のり》をつけて、ピンとさせて置くのサ、人も少しピンとすればいゝのサ、モ少し騒げばいゝのにと思ふのサ、グヅ〳〵に衰へるよりは、いゝよ。

注　「初めて軍艦が来たのを見にいつたよ」が、ポーハタン号、ミスシッピー号等、つまり、嘉永六年のペリー来航を言うのであれば、「十八の時でネ」は、おかしい。海舟はそのとき、数え年で三十一歳である。あるいは、一度、話が切れているのか。なお蛇足ながら、嘉永六年はサスケハナ、ミシシッピー、プリマス、サラトガの四艦で、ポーハタンが来るのは翌安政元年のペリー第二回来航のとき。

枢密顧問官

橋本左内《さない》の事は、そンな事を言ふものサ。さう書かぬと、本が売れぬからネ。

小楠は、ワシの先生だが、西洋の事は、みな、ワシが言うてやつたのサ。

字引の写したのも、インキは自分で造つたのサ。ペンもあちらでは、鵞《がちょう》だがネ。おれは家鴨《あひる》の羽根を貰つて、灰汁《あく》で煮《に》て、作つたよ。

田中が夕べ来た。『お前は何になるのだ』と言うたら、「総理大臣だ」と言ふから、それは、善い心掛《こころがけ》だ、ワシが請判《うけはん》をすると言つて、証文を書いてやつた。名あてが、閻魔《えんま》様、地蔵様、勝安芳保証としてやつた。大層悦《よろこ》んで帰つたよ。

長崎に居た時は、アヽ、フルベツキはまだ居なかつた。二番目の書生が、加藤弘之や、津田サ。それがあンな大家になつた。

引渡《ひきわたし》の時も、西郷が来たと言うから、安心したのサ。イヤ危《あぶ》ないから二大隊率《ひき》ゐてゆけなどと言はれたが、『ナアニ、一人で沢山だ』と言つて、十四日に往つた。それで、直きに纏《まとま》つてしまつた。それで、三四日も立つてから、勝はひどい奴だと言つて、争つたが、もう済んだ事だ、仕方が無い。段々と静まつたよ。あちらでも、伏見戦争の後で、大層議論があつた。それを、西郷が一人、ずツと機に乗つてやつて来た。グヅ〳〵すると、縛られてしまふよ。それに、あの機に乗つてやつて来たから、どうして、如何ともすることが出来ない。

枢密院顧問官だもの。用があれば出るのサ。だが、ワタシには少しもわからないよ。それで、みンなの立つ方に立つのサ。マア、やかましく言へば、○○などが言ふのだが、近頃は、まるで仏様だよ。ナニ、あれが支那へ行つて馬鹿にされちやア困らあナ。あゝやつて居れば、学者だといつて、名高いがネ。

陳白さん、どうも口がきけぬから、いかない。あとで、これから聞いて下さい。どうか、小さくならぬやうに。これだけと限つてしまふと（手真似して）、それより大きい事のあつた時、仕方が無いから。どうか、限らないやうに。

注　このあたり、ひどく断片的だが、どういう情況なのか不明。田中は足尾鉱毒問題で奮闘する田中正造である。海舟は、百年の後に浄土もしくは地獄で田中正造を必ず総理大臣にするとの証文を書いて与えた。請人は「半死老翁　勝安芳」で、宛名は阿弥陀と閻魔である。

フルベッキはオランダに生まれ、アメリカに渡って宣教師となった。海舟が江戸へ帰るのと入れ替りに長崎へ着いて、幕府や佐賀藩の長崎英語学校で教えた。加藤弘之や津田真道は、海軍には関係ないが、二人とも蕃書調所教授手伝から開成所教授へという経歴だから、広い意味で海舟の後輩である。

「引渡の時」は、もちろん江戸城明渡しで、明治元年三月十三日・十四日両日の海舟と西郷の会談で、江戸総攻撃の回避が決まった。

「枢密院顧問官だもの」、海舟は、明治二十一年以来、枢密顧問官である。このとき、議長は黒田清隆、副議長東久世通禧、書記官長が平田東助。メンバーは海舟を入れて十九名。しかし、○○が誰かという推定は危険なので避けておく。

陳白は中国の革命家。孫文の同志で、このとき二人とも日本に亡命中であった。日本語はできないわけではないのだが、海舟のベランメエ調を聴きわけるのは無理だったかもしれない。

明治三十一年十月七日

巖本はしばらく姿をみせなかったようだ。その間、八月に総選挙があり、隈板内閣の与党すなわち結成したばかりの憲政党は大勝したのだけれども、旧自由党系と旧改進党系の争いが激化して、政局は暗い。ことに八月二十一日に尾崎行雄文相がおこなったいわゆる共和演説に対しては、外部からだけでなく、文相のポストを狙う自由党系からの攻撃もあって、尾崎と改進党系は追いこまれている。今回の海舟の話は、そのことに直接ふれてはいないが、「猟官」とか「勤王の徒が忸怩《じくじ》としてきたよ」などの発言に、現状批判の気分をうかがいとれる。

聞き取り時間については「午前十時より午後二時まで傍聴」となっており、さらに談話に入る前に「人見一太郎氏質問に対して応答を聴く」と注記されている。本日の話の相手は主として、民友社＝国民新聞で蘇峰の片腕と目されている人見一太郎であり、巖本はそれを書き取ったのであろう。

徳川の経済

将軍の親献になるものは、宇治の茶と、鶴《つる》。茶も、馬方か何かゞ持つて来るのを、老中等が、チヤンと受取つて、奥に持つて来る。将軍が、自ら斎戒沐浴《さいかいもくよく》して、その真中の茶を取り分け、これを西京へ献上する。途中で、これに礼をさせる。大変なものだ。安場などが、茶にまでお辞儀をさせる、圧制だなと言つたが、それは知らない柄《から》だ。鶴でも、将軍自身、尻《しり》切半天《きりばんてん》で自分で取つたのを献上するので、それは最初からの例だ。

京都へは、大抵六十万石位あげてあつた。光格天皇の御葬式の時でも、それは大したものであつた。

皇太后宮の時には、やかましい議論があつた。寒い日に、召し出されて、実に弱つてしまつたよ。己は、議論はしない、だまつてゐた。然し、跡でさう言つたのサ。『あなた方は、陛下の御死骸を放り出して置いて、今に至つて、そんな議論をすることがあるか』と言つた。大層弱つたよ。松方は、この事で承知しないと言つて、土方《ひじかた》を攻めたから、『それはおよしなさい、お上《かみ》にはおわかりになるから』と言つたら、さうなつたぢやあないか。あの時、己はあとで、先帝の時の入費の事を委《くわ》しく調べて出した。すると、「あなたが、かやうに委しく御存じであつて、それで黙つて居らつしやる」と言ふから、『ナニ、己の関係した事ぢやあない、あなた方のなさる事だが、ホンノ出して置いたのサ』と言つた。ナニ此の方からアーコー、とうるさく言ふものでない。その時その時に言つてさへ置けば、あとで、ギクリとして、大いに悟るよ。先帝の時の公卿が、あとでさう言つたさうな。徳川の時は、なかなかコンナものではないと言つたさうよ。

将軍のお手許金《てもときん》で、自分で自由に遣《つか》ふ金といつたら、月に百両位のものサ。

要路にあるもので、経済の相談をするので、今日の予算と同じことサ。それで、一々きまつて居るから、そのやりくりといふものは、実にむつかしい。己も軍艦奉行で、後には、その相談に加はつたから、善く知つて居る。なかなか、壮士の時に考へたやうなものではないよ。早い話が、女が十円の帯を買つてくれと言つても、オイソレとは行くまい。自分の帯を、五円で買ふ事にして居つたのを、二円にして、あとの三円に利を見て、何年でうめるといふ胸算《むなざん》を立てなければなるまい。大きな幕府の経済だつて、矢張《やは》り同じことサ。そのやりくりといふものは、ただ、練磨の士が、秘密に相談してきめるのサ。

将軍自身の金と言へば、前に言ふやうに、実に少ないから、褒美《ほうび》の時でも、将軍が、自分の羽織でも脱《ぬ》いでやる。それから、金は、表の経済から、別にやるといふやうになるのサ。

注　安場は、既出の安場保和であろう。
英照皇太后の葬儀のとき、紛糾したのは、当時の松方総理と宮内大臣土方久元の間で、内閣と宮内省のどちらが担当するかについて。
先帝の時の入費とは、むろん、孝明天皇のときのこと。

物には弊がある

江戸を明け渡したからそれで治《おさま》るなどといふことがあるものか。畢竟《ひつきよう》、己が苦学の結果で、三十年かうなつて居るではないか。

みんな、物には弊といふものがある。徳川でも、末には、色々弊があるが、それは弊だ。その仕組《しくみ》の元を正すと、なかなか考へたものだ。

辻番でも、元は、屋敷で、その角《かど》の所へ藩士を出して、番をさせたものだ。それが色々、公儀の届《とどけ》や、面倒な事があるのと、世が太平なので、請負にさせるやうになつた。それが、辻番の初めだ。

高家《こうけ》は、本当の高家で、みな高家の末だ。織田とか、何とかいふやうなものだ。それで、京都の方の使とか、接待とかいふやうなものに勤めたのサ。

ナニ、維新の時は、薩摩だの、長州だのといふ、田舎ツポウで、何ができるものか。

十年の内に、十一度免職になつたよ。それだもの、適《かな》ふものか。初めから、己の流儀は、今の通りサ。誰でも一緒に会ふのサ。それでさへ、一度出ると、大抵借金をのこしたものサ。誰だつて溜《たま》るものか。

猟官といつても、今のやうに浅墓《あさはか》なものではない。半年もサキから、身を慎むよ。なかなか、ヲンミツでもわかりはしない。一人の出るにつけて、大抵コレ位（厚サ一寸位）調べものが出来るよ。

家康の江戸《えど》入《いり》の時は、八万騎サ。それが後には実際多くなつた。初めは、みなお城のフチに屋敷を貰つて居たのだが、明暦の火事の時から、江戸の四方に家をもつやうになつた。

城の周囲の屋敷割《やしきわり》かエ。それは追々《おいおい》きまつたのサ。

注　ここのところも、ひどく断片的になり、幕末維新期の舞台廻しについての発言と、純然たる故実についての説明とが、入り交っている。質問を伏せたからか、あるいは別々の話を巌本が無理に集めたのか。

道楽にしなさい

この間、なんといつたつけ、介石《かいせき》の紹介状を持つて来て、孤児院とかをやる人だといふことサ。ソレデ言つたのサ。それはお止《よ》しなさいと言はないが、余計のお世話だから、余り一生懸命にならず、道楽にしなさい、と言つたのサ。マア、若いうちは、女郎買もするが、コツチでも、若ければ一緒にするのだが、年を取つてるから、しないだけの事だ。どうせ、末には、止《や》めるものだから、さう言ふが、女郎買も同じことだから、その積りで気を急《せか》んでするがいゝと言つたのサ。

勤王の徒が忸怩《じくじ》としてきたよ、それが為《た》めに、かうなつてきて居るのだからね。

(若尾逸平氏来る)

去年までは手当り放題に本を読んだがネ。今年はやめたよ。ソウサ、寝ないといふのでもないが、大抵若い時は、机にもたれて、そのまゝ寝た位だから、慣れてネ。着物を着て寝る事は出来ないよ。いつも、裸体サ。あまり妻がやかましいから、今年から単物《ひとえもの》を着るが、とても帯などは出来ぬ。ハヲツテ居るだけサ。てうづ場へも、ハダカサ。

ナニ、雑居になりさへすれば、食つて行ける事は、チヤンと知つて居るがネ。横浜でも、元はアンナ村サ。それが、己が段々骨を折つて、江戸の奴を、十万人程送つたよ。今では、二十万ださうな。それで、あんなに盛んになつた。それでわしは、よく経験して知つて居るサ。

私は、七で推す人だからネ、七七四十九年で、徳川の事も知れてくると思つて居たが、かう早くはなるまいと思つて居たよ。

注　「介石の紹介状」の介石は、前回、陳白らと一緒に来ていた松村介石であろう。また、今回の途中から現われる若尾逸平は、甲州財閥の中心にいた実業家。「雑居」については、三十年十一月十日の談話前の注で既述。

明治三十一年十月二十三日

前回に述べた尾崎行雄文相問題は、いよいよ大詰めに来て、この翌日、つまり十月二十四日に、尾崎は辞表を提出する。次いで、大隈首相が、旧自由党系の思惑を無視して独断で犬養毅を後任文相に任命したところから、この内閣は一挙に破局へとつきすすむのだが、今日はまだ、そこまでの話は出ない。しかし、さすがに、大波乱の前夜だという予感はあるようだ。

時間は「午前九時より十一時半まで」。今日は聞き手は巌本一人だったようで、後半に巌本の発言がしきりと出ているのが、雰囲気《ふんいき》をよく現わしていて面白い。

金の溜めかたと使ひかた

官制改革も出たし、丁度いゝ機会だから、辞職をしようと思つて居る。イツでもさうやかましく言ふことは出来ず、誰がおとめなさるかと聞くと、お上《かみ》がそのまゝにして居れと仰《おつ》しやるといふものだから、仕方がなくかうなつて居るが、今度は丁度いゝやうだよ。こちらは、本当に老朽だからネ。それに、いよ〳〵財政も困つて来るよ。月の入用が、五百両だよ。月給が三百両で、あと二百両はどうかこさへなければならぬ。それも、家禄はワシが居るうちは、それでいくが、死んでから、みんなが、それを当《あて》にしてはならぬから、ひどく骨を折るのだが、どうしても、もう出来ぬよ。せめて、家禄の外に、二千両あるとネ。千両を、みんなに分けて、あとの千両を、孫娘にやると、その内、五百両で暮して、あとは別にするだらうがネ。コレでも、借りれゝばネ、直だよ。借りたヲすのサ。それは、直だが、それは一銭もしない。コナイだも、郵船の払込に、六千両いるから、借りようとしたら、出来ない。段々きくと、千駄ケ谷で、茶々を入れるのサ。アーやつて居るうちに、私が外で借りたりすると、面目がないといふのサ。それでも、アチラからは、決してとらない。たうとう、公債を売つて、払込をしたよ。それで、マア孫娘の千両は出来たがネ、その代り葬式に五百両ためてあつたのも、取つて遣《つか》つてしまつた。ソンナ事をなさらないでもと言ふ者があつたが、自分の葬式の入用を、人をあてにするものかと言うて、それで別にして置いたが、たうとうそれを取つてしまつた。ナニ、辞職すると、反《かえ》つて、暮しが楽になるよ。田舎まはりをしても食へるからね。方々で、大層な招待だから。疋田からは、二千両借りて居る。月に、二十両づつ利子としてやるのサ。ナニ、方々へ、月々十円、二十円、三十円、四十円とやるのが、大層だよ。己が死んだのち、千駄ケ谷に行くやうでは、第二の山岡になるのだから、それがいやだからね。

山岡にもよわるよ。母の方へは、月に百円づつ、千駄ケ谷から出るが、直記は、ワシの方へ来て困るよ。モウ切つてあるのだが、まだ来て困るよ。大久保の方は、まあいゝが、それでも三万円も出させたからネ。

――新聞に、千駄ケ谷で、年三十万円ためて万一に備へてあると書きました。（国民新聞片々）

それは、久能とか両山とか、色々合せたら、六十万位はあるだらうよ。それは別にしてあるからネ。年々、五万円の家禄でやるのだもの。久能などのは、誰がしたのでもない、清白《せいはく》にためた金だから、今更《いまさら》使つてはならぬ、国家万一の時に出さなければならぬと言うてあるのサ。それも、五分の利では少ないとか、なんとか、言つたものもあつたよ。決して、さうでないと、ひどく言つて置いたのサ。それでも、寺などの普請《ふしん》とか、造作《ぞうさく》とか言つて、坊主がやかましく言つて来る。この間も、さうだつたよ。ナニ、そのまゝ腐らせてしまへといふ論サ。普請などは、決してさせないから、大層不平だよ。それで、外が一体に困つて来たのに、徳川では、あの別途にあるものだから、又それもどうとかかうとか言ふのサ。この間、なんかの時に、三十万円もあると言つたつけが、それが伝はつたのだ。だから、うるサイのサ。

徳川の方は、毛利や島津のやうに、まうけ主義で溜《た》めたのでない、別扱ひで、あーなつたのだから、余程違ふと言ふのサ。勤王家の親玉でさへ、近頃では余程弱つてるからネ。徳川の方は、あれまでなつたからネ。もうどうも倒れないよ。

日光の地面も、今年から貸す事にした。年三百両だ。桜木の地所でも、随分上るよ。みんな、それがワシの名にしてあるものだから、勝は、方々に地所を持つて居て、それでああだと言ふがネ、此の方の名にしておけば、入用が少ないからサ。然し、もう善いから、徳川のに書きかエなさいと言ふのサ。それでも、生きてる間は、人が疑ふよ。死ぬるとわかるがネ。いま弁解すると、いよ〳〵疑ひのたねだからネ。アー、年に五万円サ（千駄ケ谷の経済）。それで、慶喜の方で年に二万円サ。ダが、慶喜の方は、別に金があつて、渋沢の方で、その利子を出すのサ。渋沢が敗北すれば、だめだがネ。


注　「辞職」云々は、もちろん枢密顧問官について。

　勝家の財産については、二十九年九月十七日に初出して以来、また徳川家の財産については三十年三月十六日に初出して以来、何度も繰り返されているので、注を省く。「千駄ケ谷」は、徳川家。

　山岡鉄舟の遺族のことについては、三十年十月六日および三十一年三月十四日参照。「大久保の方は、まあいゝ」は、大久保一翁の遺族についてで、息子の洋行に二万円かかったと、三十年十月六日付談話にみえている。

維新前後の人物

福沢も、少しいゝ方ださうなネ。

——十九日頃から少しいいさうです。維新の時、福沢から、何か書いたものを出しましたか。

イエ、ありません。あの時は、何でも、本所辺《ほんじょ》にかくれて居つたさうナ。弱い男だからネ。それで、あとから、何《な》んとか角《か》とか言ふのサ。アレに、福地ネ。ミンナ、後で、何んとか言ふのサ。沼間に、江原などは、みんな此の方に預けになつて居たのサ。いまに、書付が残つてをるよ。ナンでも、五百人もあつたらう。その内、沼間などを土州から借りたいと言ふので、貸したよ。それから意張《いば》り出したのサ。乙骨や、中根などは、どうしたか。木村や、大儀見などは、又別の組サ。静岡に行つてから出来たものサ。まだ田村初太郎といふのがあつたが、どうしたか。アーさうかい。なんでも、そんな事を言つて来たと思つたよ。木村や、大儀見などは跡に残つて勉強した方だが、先づ教師にでもなつて、厄介にならぬだけが、イイのサ。みんな、生きても死んでも、どちらでもイーのサ。アー田辺は来ました、先《せん》達《だつ》て、本を持つて。アレハ、外交の方で、一番文章が出来たからネ。

——鳥尾といふのは、どういふ人物ですかナ。

一種癇癪《かんしゃく》でネ。それで、長州は近頃気を悪くして居るから。

——あの親父の自得といふのは御存じでしたか。

イヤ知らない。アーさうかい、ハ、ア。ナンデモ、さうだと言ふことだ（枢密院顧問官連政談せじ云々のこと）。だが誰も鳥尾を相手にしなからうよ。もうみんな老いてゐるからネ。此の方などには、何とも言はないよ。

——西園寺《さいおんじ》といふのは、どうでせうか。

伊藤さんの子分でネ。アーさうさ、利巧《りこう》の方サ。近頃は、新聞にも、ワシの事は書くまい。

――イエ、書きます。お話は出ませんが、評論を初めました。一昨日の「世界之日本」にも、誰か書きました。その中にありましたが、維新前、あなたが流行《はや》うたを作って、時の有司を誹《そし》られたといふことが、ありました。

イヤ、覚えない。ソンナ事は、ありやしまい。

注　福沢諭吉は、九月二十六日に脳溢血で倒れ、十月初旬には一時危篤状態に陥っていた。「あとから、何んとか角とか言ふ」について補えば、福沢が「瘠我慢《やせがまん》の説」を書いたのは明治二十四年十一月で、写しを海舟に送りつけ、返事を催促した。

福地は、既出の源一郎＝桜痴《おうち》。沼間は、旧幕府陸軍の沼間守一で、土佐に招かれたのは明治二年。江原は、旧幕臣でこのときは憲政党総務をしている江原素六であろう。乙骨は、絅二あるいは太郎乙。中根は香亭＝淑。また木村は、ここは熊二だろう。大儀見は元一郎かと思われる。

本を持ってきた田辺は、既出の蓮舟＝太一で、その著『幕末外交談』が、この年に出版されている。

巌本の質問している鳥尾は、長州出身の陸軍中将で、このとき枢密顧問官の鳥尾小弥太＝得庵。また西園寺はもちろん公望で、この年六月まで、第三次伊藤内閣の文相だった。のちに、伊藤から政友会を受けついで総理大臣になる。

近頃の人物

——吉本が、又続々氷川清話を作ると言うてよこしました。私は、断りましたが、みんなから、書いたものを集めるさうです。

さうかエ。もうよせばいゝのに。前ので、まうかつたといふことだ。尾崎が来てさう言つたから、確かだらう。少しも此の方は関係しないのだが。この間も、二度程来たから、断つて返した。

——アレは頑固《がんこ》ですが、シツカリして居るやうです。

ア、さうだ。

——アレが、犬養《いぬかい》に決闘を申込んだのです。

ソーかい、近頃かい。

——大分前です。犬養は、いゝやうです。

役人になつてるかエ。

——イエ、なりません。

稲垣は、どうしたか。

——マタ、シヤムへ返るさうです。あちらでは、評判が悪いですが。

アレキリ来ないよ。ソウカエ、それはいゝサ。先づ、金をためるのが。

松方は、どうしてるか。

――運動なさるといふことで。それに、稲垣がこのあひだ、御影《みかげ》から引張《ひっぱ》つて来たのです。

景気はどうかナ。

――段々宜《よろ》しいといふ評判です。

どう考へても、騒ぎになるだらうと思ふが。……大分人殺しなどが出るさうなが。……まだ大泥棒《どろぼう》もないやうだの。

――ハア、矢張《やは》り大泥棒などが出る時節の方が、変化の点では、宜しいのでせうナ。王侯兼併の末で、今ぢやあ、大泥棒も入りはしない、皆んなケチーナ奴ばかりだ。

――坊守《ぼうず》でイーのが参りますか。

一向ナイ。この間、舜台《しゅんだい》から本をよこしたよ。

――先達て南禅寺の峨山《がざん》に会ひましたら、先生に叱られたと言つて居ました。

ソウかい、ソレは何だい。……さう〱、そんな事があつたつけ。ナニ、寺はつぶれるまゝにしておけといふ此の方の論サ。

――鷲久といふ女芸の上手なものの事が、新聞に出て、先生のお名が見えましたが、どういふ人ですか。

知らないよ。忘れてしまつた。

（この間、戸川の事、井上円了のこと、中島のことなど、話ありたり）

春嶽は、水戸に愚弄《ぐろう》されたのサ。後には、慶喜に愚弄されたのサ。さうかい。そんな事を書いてをるカエ。

李鴻章はもうろくはすまいと思ふよ。アレハもうろくはしない質《たち》だと思つてるがの。

注　吉本襄の『氷川清話』については、三十年十月六日付談話参照。また、いま話題になっている『続々氷川清話』は、三十一年の十一月十七日刊。

犬養は、憲政党旧進歩党系の犬養毅＝木堂であろう。この直後、大隈首相の独断で、尾崎行雄の後任文相に任命されたことが、憲政党大分裂の直接的原因となる。

稲垣は、シャム弁理公使だった稲垣満次郎。

僧侶の話のうち、「南禅寺の峨山」は実は天龍寺系である。嵯峨の鹿王院が頽廃していたのを、節倹につとめて再興した。それを海舟が叱ったのであろうか。なお『女学雑誌』には、僧について「仏徒では、いいものは無い。渋川が善いといふので、ワザ〳〵行つて見たがね、どうしてまだ〳〵アンなことでは俗気があつてね。マア、近ごろでは、行誡一人は、大分よかつたよ」という海舟の談話がある。

明治三十一年十一月六日

前回談話の翌日すなわち十月二十四日、尾崎行雄文相が辞表を提出した。後任について閣内また憲政党内がまとまらないままに、大隈首相が独断で犬養毅を任命したところ、二十九日、板垣退助内相・松田正久蔵相・林有造逓相ら旧自由党系閣僚が辞表を提出、ついで三十一日、大隈首相ら旧改進党系閣僚も辞職したため、隈板内閣はあっけなく崩壊してしまった。憲政党は完全に分解し旧自由党系が新しく憲政党をなのり、旧改進党―進歩党系は、これに対抗して、憲政本党を結成した。

次期内閣については、元老会議で協議した結果、十一月五日にいたって、山県有朋に担当させることが決まり、今回の談話の終り近くで、その旨の号外が町に流れたのがわかる。海舟も、この次期首班選任には、なにほどか関係したらしいのだが、本日はとぼけて何もしゃべらず、あとで十一月三十日や翌年の一月二日の談話に、その一端を洩らしている。

この日は「午後三時より五時まで」。また、「農商務技師某、原田光二郎、竹添井々等あり、傍聴す」となっている。

藩閥のコワれるのだもの

(揮毫《きごう》しながら)コンナつまらない商売はないよ。これで墨や紙を入れると、月三十円位はかかるからネ。元は、随分お礼を持つて来たものだが、この頃は、みんな利巧《りこう》になつてネ。それでも、こなひだ、七両二歩礼を持つて来たものがあつた。これはいゝ工合だと思つて居たら、その日、貧民に七両ねだられたヨ。

どうも騒々しいよ。何の事もない、ただ騒々しいのだヨ。これが根のある事なら心配だが、何も根はないよ。ホンの葉だけだよ。天狗《てんぐ》も、木葉《こつぱ》天狗で、風が吹けば飛んでしまふよ。ナニ、むつかしいものか。何でもありやしない。全権を任せて頼むとありや、己一人でも、ワケはないよ。ナーニ寝て居らあネ。どうせ、勤王の士が寄つてたかつて、かうしたのだもの。三十年になれば、とても仕方がありません、私の微力では、どうする事も出来ませんと言つて置いたのサ。ドウモ、かうなつて、どうするものか。

この間も、国家の大事だと言つて来てやかましく言ふ人があるから、『ハアさうですか』と言つたのサ。スルト、あなたは枢密顧問で居て、国家の大事をお構ひなさらんと言ふから、『お前方がさう構ふから、私等は構はないでもいゝ』と言うたのサ。うちの権助《ごんすけ》が、飯もたかないで、勝家の一大事だと言つて、騒ぎ廻つて、その上、スリコギを振り廻して、お三《さん》と喧嘩などをやらかすと困るよ。飯をたく事は善くたいて、その上の心配は、忠実に、心の中でして居れば、いゝではないか。

　今の騒ぎなどがなんだ、瓦解《がかい》の時などは、数万の人が、みな騒いで、勝は国家の大事を構はないと言つて、それはひどかつたよ。今の奴等は、はじめてだから、ビックリするのサ。それも少し立つと、馬鹿な事だとわかつて来るよ。

　藩閥のコワれるのだもの、これ位の事はある筈《はず》ぢやアないか、今日の事は、結果だもの。今更《いまさら》驚いたつて、これをどうするものかイ。モウ、前からたびたびいけんもしたし、書付も出した。かうなつてから言へば、それ御覧なさいと言ふだけのことだが、それはよくないよ。だから、もう黙つて居るより外はないよ。

　人は、地位によつて進退があるもの。こつちから何も、進んでするといふものではない。大臣になるの、ならんのつて、そんな事より外に、御奉公がしてある。先々月も、お上《かみ》へさう申上げたのサ。『徳川家から献上ものをする筈でありますが、これは致しません。カウ勤倹をして、慎んで居りますのが、御奉公と思ひますから』と言つたのだ。飛んでもないことを言ふと、思ふものもあるだらうよ。

　もう、これからは、別だもの、これまでの事で一《ひと》くくり済んでるしね。これからは、又一段落だよ。

注　「どうも騒々しいよ」以下は、もちろん、隈板内閣崩壊から第二次山県内閣成立にかけての政変について。本日は、オレは関係ないよ、という態度だが、なかなかそんなものではない。今の騒ぎと比較されている「瓦解の時」は、むろん、徳川幕府が倒れたとき。

明治政府の末路

宮本小一もさう言ふし、一日でも出て見るといゝのだがネ。スルト、翌日は早朝から来るからネ。これでも、大家の相談をよけい受けて居るから、一日でも後《おく》れると、直に困るよ。熊本の人は、直にそれだよ。何《な》んぞといふと、やいやいついて廻つて、騒ぐのサ。横井だけは、さう言ふことはなかつたガネ。若い奴では、〇〇ネ。騒いでばかり居やがつて、頭ごなしに言つてやるのサ。

西洋は、違ふ。日本は、さういふ国体でないからナ。

(衆辞去後、山県《やまがた》侯に内閣組織の勅命下りし由の号外来る)

——山県さんは、お気の毒ですな。

仕方がないやネ。誰だつて、勤王の士は、倒るゝまでもしなければならないよ。己などは、慶喜公に嫌はれて、勝が在つては善くないとまで言はれた。何遍斥《しりぞ》けられたか知れないよ。それでも、一言も責《せめ》を避けたことはないよ。全く幕府の任だから、引受けたのだもの。明治政府の末路は、あの連中がよつて、出来ぬまでも片付けなければならぬ。仲間《なかま》喧嘩《げんか》だもの。

西郷は大きいから、何でも、勝にと言つて、任せるから、仕方なくしてやつたのサ。それで、西郷さん〳〵と言つて立てゝやつて、その責を尽したのだもの。馬鹿々々しい。それを、おとなしくやつて居ると思ふなどといふことがあるものか。もう、どうせ、お三がゐなくなつたやうなものだ。奥サンが、自分で飯をたくのは当り前だ。

注　宮本小一は、既出の旧幕臣で、いま貴族院議員。
「熊本の人は、直にそれだよ」は、このとき、隈板内閣—憲政党内の騒動は、熊本派の策動によるのだとの世評があった。横井は、ここは父親の小楠。
最後のところ、幕末だけでなく、明治になってからの自分の役割の重要性を、これからはもうしらないよ、という形で逆説的に表現したものである。

明治三十一年十一月十日

前回からわずか四日後に、巌本はまた現われた。その間に、十一月八日、第二次山県内閣が、松方正義・西郷従道・樺山資紀・清浦奎吾・桂太郎らを主要閣僚として、発足していた。海舟は、この政変に触発されてのことか、幕末動乱期の政情について長広舌を振っている。大奥の天璋院《てんしょういん》と和宮《かずのみや》の話も面白い。終りに近く、山県内閣に対する直接の感想も、チラリと現われている。

「午前九時より午後一時半まで」。

薩摩と会津

どうして〳〵、コンな騒ぎぢやアありやしないよ。長州征伐に薩摩が反対した時は、大久保市蔵に、岩下佐次右衛門、今一人の三人で、なかなか承知しないのサ。中にも、大久保は剛情で、征長のお請《う》けをせぬのサ。その頃は、薩州は何だか山師《やまし》のやうで、何処でも信じはしないが、軍《イクサ》の入用のかゝるのに困つて居るから、薩州に付いて出兵を断るものがあつてはならぬといふ所から、ひどく弱つたのサ。会津は又乱暴で、ひどく迫る。薩州を遠まきに巻いて、打殺してしまふと言ふ。紀州が総督だから、一日も早く出兵すると言つて、大層な評議で困つて居たさうな。

すると、将軍が安房守を呼べと仰《おつ》しやつたので、急に軍艦奉行に復して召されたのサ。何事か知らんと思つて行つて見ると、この次第《しだい》サ。大久保等三人で出兵の断り書を出したから、板倉が弱つて、「お前等三人の名ではいかぬ、松平修理大夫の考へでなくてはならぬ」と言つて下げた。するると、翌る日、張紙をして、同じ文句で出したから、「なんぼ、何でもひどい」と言ふと、「イエ、私等は主人の代表ですから……代表といふ語《コトバ》はなかつたがね……全権ですから、かう致したのです、主人の考へも同じ事です」と言うて、聴かぬ。それで、広橋といふ公卿から、又談じて、「薩州は天璋院の筋で、まるで他人ではなし、さうひどく言はんでも、良からう」と言ふと、「イエ、それですから申すので、一大事だから、かやうに直諫《ちよつかん》するのだ」と言つた。どうも、なかなか剛情で、困り切つて居ると言ふのサ。

それで、己は、その事を聞いてから、直《じ》きに西京へ行つて、第一に会津の方へ往《い》つた。すると、殿様は、毎日、酒を飲ませられて、妾《めかけ》の二人も当てがはれて、病気のやうになつて寝て居るのサ。どうも、ひどいよ。殿様はもうわかつて居るから、そンな、ひどい事をしないのだが、家来が聴かないと言ふのサ。「もう、お前が来てくれゝば、いゝから、どうか、家来の方に説得してくれ」と言ふのサ。それで、みンなと舌戦すると言つて、たうとうみンなをたゝきつけてしまつた。それから、岩下等の方へいつて見ると、大久保は、勝が来たといふので、大阪へ往《い》つて、行き違ひになつたのサ。「モウ、あなたが来れば、どうでもいゝから」と言つて、ひどい折れやうサ。それで、『この書付は先づ己に預けてくれ、そのうちに善くするから』と言ふと、「イヤ、どうでも善い」と言ふのサ。それで直に片付いてしまつた。

それから、大阪に帰ると、なんぼ、なんでも、たつた一日で片付いたから、サア、疑ひ出したよ。なんでも、勝は何かタクラミがあるに違ひないと言ふのサ。慶喜などは、現に自筆で、書いてらあナ。「勝は至つて、手広いから、何事を仕出すかも知れません。御用が済んだら、早く還す方がいゝ」と言ふのサ。あの頃は、原市といふものが付いて居てネ、あれがどういふものか、大へん、己を嫌ひなのサ。功を嫉《ねた》むといふものか、ごく、陰険で、なかなかの才子だつたがネ、水戸人でネ、それで、板倉がその手紙を見せたよ。コツちもネ、早く帰りたい方だから、『御用が済んだら、お暇《ひま》を願ふ』といふと、将軍がモ少し置けと仰しやるので、たゞ何もせずに、大阪の宿屋に居たのサ。板垣サンのやうに、直に怒る方だが、なかなかこれで考へてるからナ、さう容易に怒らないよ。随分、辛棒《しんぼう》してるからノ。その頃は、今と同じで、毎日、大変に色々の人が来るよ、一々、隠密《おんみつ》が這入《はい》つて居て、名を書きとめるのサ。それはひどいものだよ。

注　長州征伐は、慶応二年の第二次征長戦。この年の正月、秘密裡に薩長同盟を結んでいた薩摩は、四月十四日、大久保利通と木場伝内が大坂城で老中の板倉勝静に面会して、出兵拒否の文書を渡した。幕府側は困惑して撤回を求めるのだが、薩摩は折れず、遂に五月二十八日、海舟の再登用と上坂命令となる。なにぶん三十数年前の思い出話であるから、海舟の言葉、細部は正確でないけれども、大筋の理解に影響がないのでいちいちは訂正しない。松平修理大夫は、説明するまでもなく薩摩藩主の島津茂久＝忠義。天璋院は、前将軍家定の夫人で、島津氏の出。

会津の殿様は、松平容保で、このとき京都守護職。原市は既出の原市之進。「板垣サン……」云々は、隈板内閣を割った板垣退助の短気を皮肉ったものか。

長州との講和談判

するると、将軍が俄《にわ》かになくなられた。脚気《かつけ》衝心だつたネ。城に上つて見ると、誰も出て来ず、みンな何とも言はず、それは〳〵閉息してしまつて、ひどいものだつたよ。老中などが、しきりに心配して、相談ばかりして居るのサ。それでその中へ推して這入つて、『あなた方は、何を言つて居らツしやる、この期《ご》に及んで、さう愚図々々すべき事はありますまい』と言ふと、「イヤ、お跡の事を相談して居るので、一日もその事がきまらなければ、ならぬから」と言ふから、『それは大変な間違《まちがい》です。天下の事は、そンなものではありませぬ、跡々の事を相談するなどとは、私どもの一家の事です、既に慶喜公が後見職であるから、何事もこれに任せて、その上で万事おきめなさるが善い、あなた方が行けなければ、私がこれから西京へ上つて、慶喜公にさう申しませう』と言つた。すると、板倉は感心して、「なる程、勝の言ふことは、尤《もつと》もだ、それより外にありません、これからすぐに参ります」と言つて、その座から、西京へ行つたよ。板倉といふのは、いゝ人でネ、よくわかるのだが、たゞ断がないだけサ。慶喜は、関東の方でも受けが悪し、役人が皆嫌ひだからネ。その頃、慶喜はたゞブラリとして、何もせずに居たよ。だが、ひどいものだよ。それでいよ〳〵慶喜が来ると、ソノみンな悪く言つて居たものが送迎するからネ、実に人情の顚覆《てんぷく》といふものは、それはひどいものだよ。

慶喜はそれから急に己《オレ》に油をかけやがつて、「長州に談判に行つてくれ、天朝《てんちよう》でも是非、お前の外に無いと仰しやるから」などと、ひどく油をかけやがつた。こツちは将軍の棺を軍艦に乗せて、帰らうといふ思ひだつたが、馬鹿々々しい役を言はれて、承知すまいかと思つたが、まだ将軍の御送葬は済まず、将軍には恩になつてるから、一生懸命でやつたのだが、まだ将軍の居らるゝと同じ事だから、どうせ、長州で殺されるかも知れないが、行つて見ようといふので、往つたのサ。

その頃までは、長州の方へ通りも善かつたシ、長州からは大阪へ大層の隠密で、十分手が廻つて居たから、何もかも知つてらあナ。広沢が談判役サ。聞多も小僧で居たツけ。談がぢきに付いてしまつた。己《オレ》がさう言つたのサ。『なぜ、あなた方の方で、大阪に火を付けないのです、東京までは追ひまくられますよ』と言つたら、「それは知つてますが、名分《めいぶん》がありますから」と言つた。よくわかつて居たよ。

さうヨ、兵を出すことをとめたのサ。公平な処置をするといつて約束をしたのサ。ナニ、己の考へでは、天朝に対し、大不敬だからと言つて、百日の閉門位で済ませるつもりであつたのサ。それで帰つて見ると、もう、大変な讒誣《ざんぶ》サ。ア、早く片付いたから、勝は何でも薩長の廻し者に違ひないと言ふのサ。それで、どうしても行はれないので、直に東京へ帰つてしまつたから、長州の方では、売られたやうに思ふのも、無理はないサ。

注　将軍家茂《いえもち》の死去は七月二十日。このあと、慶喜は、戦争継続か停戦かで迷い、停戦の方針に傾いたところで、海舟を長州との交渉に派遣する。そのいきさつや登場人物については、三十一年二月十六日付談話および注を参照。この交渉で海舟は、結局、慶喜に裏切られる。

徳川家の財産

——幕府の瓦解《がかい》は、お思ひより、早かつたですか、遅かつたですか。

それは、大言のやうであるが、さう言ふのサ。己の力で全く一年延ばした。一年先に倒れる筈であつたのサ。方々に引張《ひつぱ》りをこさへて、維持したのサ。ダガ、仕方がない、段々、コツチから、ブチコワシ大工をやつて、自分でコワスのだもの。

瓦解の時、禄がまだ無かつたから、それ〴〵の譜代《ふだい》大名に言つたのサ。『お前達は、徳川が無禄になつてるを、たゞ見てるのか』と言つてやつたら、あちこちから、持つて来て、二十万両ほどになつたよ。今の銭にすると、二六、百二十万円位だがね。それを後に禄が出来た時、これは返すべきものだといふので、年々、千円から三千円位まで、色々の道にして返すのサ。三条さんでも私の手から三千円を出してあるシ。方々へ五百円、千円と出て居るよ。先づ、こンな風にして己の一生に六十万円位も出してしまふと見て、それだけのものは、別にチヤンと拵《こさ》へてあるのサ。久能が十万、両山で八万、保晃会も十四五万、地所で木下川《キネガハ》、桜木町、千駄木、日光などで、十二万円程あるよ。これでも、徳川にどンな悪者があるかも知れぬから、チヤンと、その用意はしてあるよ。もし喧嘩《けんか》になれば、反《かえ》つて儲《もう》かるよ。みンな取上げて金だけ返すからネ。明治二十年に勘定をして見たら、八十万円サ。年に四万円だらう。この間に天璋院の葬式もあるし、幕臣や何かにやつたものもあつて、それで四万円ならし。その時はかう多くてはと言つたが。あとから見ると、みンな驚いてしまつたよ。

大久保の死ぬる前だつたが、「勝サンも余り気の毒だから、何とか、徳川氏より為《す》るが宜《よろ》しからう」といふ相談になつて、一人代表として言つて来たから、ひどく怒つてやつた。『一体、誰がさういふことを言つた、三位《さんみ》でもあるまい。慶喜か。大久保か。余り人を見下げた話だ。己は徳川氏の為《ため》に使はれて居るのではない。慶喜が涙をこぼして、是非お前でなくてはと言つて頼むから、引受けて徳川の家を立ててやつたぢやアないか。もし報《い》ゆるといふなら、七十万石をこツちによこしなさい、余り馬鹿にした話だ』と、えらく威《い》張つてやつた。そのおかげで、まるでオヂヤンで、何にもならなかつたよ。キネ川は、一万円で買つて置いたのサ。千駄木でも、二千円サ。それから、木を植ゑたが、その頃は、余りヘンピだと言つたのが、今ではモウ少し奥に行きたいと言ふよ。巣鴨のは、越前で、段々に入れて善いと言ふから、買つて置いたのサ。

注　徳川家の財産の話、何度も出たが、ここが最後で、いちばん好くまとまっている。大久保は、ここは一翁の方だろう。「巣鴨のは、越前で」の越前は、越前福井の松平家。

天璋院

天璋院は、しまひまで、慶喜が嫌ひサ。それに、慶喜が、女の方はとても何もわかりやしないと言つたのが、ツーンと直《じ》きに奥へ聞えて居るからネ。そして、ウソばかり言つて、善いかげんに言つてあるから、少しも信じやしないのサ。

慶喜殿が帰られた時に、天璋院を薩摩へ還すといふ説があつたので、大変に不平で、「何の罪があつて、里にお還しになるか、一歩でも、コ、は出ません、もし無理にお出しになれば自害する」と言ふので、昼夜、懐剣を離さない。同じ年のお附きが六人あつたが、それが亦《また》、みな、一緒に自害するといふので、少しも手出しが出来ん。誰が行つて、なんと言つても、聞かれない、なか〳〵の議論で、どうにも、かうにも仕方がないといふのサ。それぢやア、己が行かうと言つて、先づ通じて置いて貰つた。すると、その頃、己は名代《ナダイ》の荒紙破《あらがみやぶ》りの評判で、恐しいものとなつて居たから、どンな事をするかと、みな、心配して居たさうなよ。それで、次の日、出てゆくと、女中がずつと並んで居て、座布団《ざぶとん》が向ふにあるが、天璋院が見えない。『どうかなさいましか』と言ふと、みな黙つて居たが、暫《しばら》くして、女中の中から一人出て来たよ。それが天璋院サ。かくれて、様子を見たものだネ。

それから、己は先づ言つてやつた。『これまで、アナタ方へ上つて色々申上げたでせうが、それはみな、ウソです。ウソを申上げたのです。然し、ウソと言つても、悪意ではありません。お女中の事だから、御心配をおさせ申すまいといふ所から出たのですが、それはみな、宜《よろ》しくありません。今日、実際の事はカウ〳〵いふ訳でございます。それで、もしアナタ方が自害などなさつたり、どうしてもここをお出にならんと仰しやると、カウ〳〵いふやうになります』と言つて、何もかも明白に言つたよ。なか〳〵剛情で、容易には服さないが、何しろわかつてゐるから、ズン〳〵聞いたよ。女だと思つて、何も言はずにあるのだもの、悪からうぢやないか。それで、『アナタ方が、自害だなどと仰しやつても、私が飛込んで行つて、そんな懐剣などは引つたくります。造作《ぞうさ》はございませんよ』と言つたら、お附きが「それは甚だ御過言でせう、死なうと思へば、どうしても死ねます」と言ふから、『さうでンすか、ダガ、それでは甚《はなは》だお気の毒ですが、私は名を挙《あ》げますよ』と言つたら、ナゼかと言ふのサ。『それはアナタ、天璋院が御自害を為《な》されば、私だつて、済みませんから、その傍で腹を切ります、すると、お気の毒ですが、心中《しんじゆう》とか何とか言はれますよ』と言つたら、「御じよう談を」なんテ、笑つたよ。それから「明日もいらして下さい、まだ伺ひたいから」と言ふのサ。それから、明日も行つて、トウ〳〵三日かゝつて、やうやく納得《なつとく》サ。それはひどい剛情なものさ。それから、太平記だの、いろんなものゝ質問さ。『幕府六百五十年の結末をつけるので、徳川氏だけの事ではありませんから』と言つたのだが、だん〳〵わかつてネ。しまひには、それはチヤンとしたわかつたものだつたよ。

八之丞《はつのじよう》サマといつて、一ツ橋のあとに直る人だつたが、大層、ワシがお気に入りで、十二までお附きだつた。その頃、隠居をするのは、一年かゝるが、親仁《おやじ》も、私を八之丞サマにつけて、出世をさせる積りで願つたが、そのうちに死んでしまつた。それで出世が出来なくなつて、又落ちぶれたのサ。だが、その時、後宮に居つて、可愛がつてくれた老女などが多かつたので、その後に大層助けになつたよ。西郷なども怖がつて居ると聞いて、えらいものになつたと思つて、「アー、麟《りん》さんの事カイ」などと言つたよ。それで、塩煎餅《しおせんべい》だの、色々と持つて往つて、それぞれ絶えないで置いたが、それが大層助かつたよ。

注「慶喜殿が帰られた時」とは、明治元年正月、鳥羽・伏見の戦争に敗れた直後、徳川慶喜が大坂城から江戸へ逃げ帰ったとき。そのとき、薩摩から来た十三代将軍家定の未亡人天璋院を薩摩に戻そうという話が出たのであろう。

「八之丞サマ……」は唐突だが、大奥の話が出たことの関連で、自分の少年時代、十一代将軍家斉の孫の初之丞（一橋慶昌）の相手をつとめたことを持ちだしている。そのときできたつきあいが、瓦解のときに役立ったというのである。

和宮と天璋院

和宮と天璋院とは、初めは大層、仲が悪かった。会ひなさるまではネ。お附きのせゐだよ。初め、和宮が入らした時に、御土産《おみやげ》の包み紙に「天璋院へ」とあつたさうナ。いくら上様でも、徳川氏に入らしては、姑だ、書きすての法は無いと言つて、お附きが不平を言つたさうな。それで、アツチでもすれば、コツチでもするといふやうに、競つて、それはひどかつた。

張合ふものだから、入費が掛つて、困つてしまつたのサ。大久保なども、「奥から潰《つぶ》れる、仕方がない」と言つた。『困れば、私が這入《はい》らうか』と言うたが、こンな乱暴者だから、大久保も実は心配して居たと見える。「いよ〳〵困る」と言ふから、『そンなら、大久保サン、どうせそれで潰れると思ふなら、同じ事だから、私が一ツやつて見よう』と言うた。「それでも、余りせはしくて気の毒だ」と言ふから、『ナニ、女などにさうかゝるものか』と言つて、私が引受けてやつたのサ。名代《ナダイ》の乱暴者と聞いてるから、どンな事をするかと思つたらしいが、案外のものだから、あとで、天璋院なども、さう言つたよ。それで、私が言うたのサ、『私は、女の尻《ケツ》など叩《たた》いて、威張つてる男ぢやア、ありません』と言つたよ。

だが、後に私の家に御一緒に居らした時に、配膳《はいぜん》が出てから、両方でお上りなさらん。大変だと言つて、女が来て困るから、『どうした』と言ふと、両方でお給仕をしようとして睨《にら》みあひだと言ふのサ。それで、私が出て行つて、『アナタ方はどういふものです』と言ふと、互に「私がお給仕をします筈《はず》です。それにアナタから為《な》さらうと為さいますから」と言ふのサ。私は笑うてネ『なんです、そんな事《こ》ツてすか、それならば良い事があります』と言つてネ、お櫃《ひつ》を二つ出させて、一つ宛、側に置いて、『サ、天璋院さまのは、和宮さまが為さいまし、和宮さまのは、天璋院さまが為さいまし、これで喧嘩《けんか》はありますまい』と言つて笑つたらネ、「安芳は利口《りこう》ものです」と言つて、大笑ひになつたよ。それから、帰りには、一つ馬車で帰られたが、その後は、大変な仲よしサ。何事でも、互に相談で、万事、一つだつたよ。

天璋院のお伴《とも》で、所々へ行つたよ。八百善にも二三度。向島《むこうじま》の柳屋へも二度かネ。吉原にも、芸者屋にも行つて、みンな下情《かじよう》を見せたよ。だから、これで所々に芸者屋だの、色々の家を持つて居たよ。腹心の家がないと、困らあナ。私の姉と言つて、連れてあるいたのだが、女だから、立小便も出来ないから、所々に知つて知らぬふりをしてくれる家が無いと困るからノ。そのうち、段々と自分で考へて、アーコーと直《じ》きに自分で改革さしたよ。今では千駄ケ谷は、角火鉢に銀瓶が掛つてるがネ。それは、船宿で便所をかりて出ると、そこに火鉢に鉄瓶が掛つて、湯が沸いてるので、お茶を一ツと言つて出したのが、大層うまかつて、「これはいゝものだ」と言つて、直きにさうしたのサ。その次に行つて見たら、チヤーンと鉄瓶が掛つてるから、『これは下司《げす》のすることです。銀瓶が沢山ありますのですから、これをお使ひなさい』と言つた。「イヤ、これが善い」などと言つたよ。柳屋に行つた時だツけ、風呂に入れたら、浴衣《ゆかた》の単物《ひとえもの》を出したが、万事心持が違ふので、直きに又さうしたよ。一体は風呂の湯を別に沸《わか》して、羽二重《はぶたえ》でこすのだから。それに、着物もベタ〳〵すると言つて、浴衣の方が好いなどと言ふやうになつた。シヤツを見て、あれは何といふものだと聞いて、帰りに二ツ三ツ買つて帰つたら、直きにそれをしたよ。初めは、変だつたが、もう離せないといふやうになつた。ワシの家にも二三度来られたが、蝙蝠傘《こうもりがさ》を杖にして来てネ、「どうも、日傘よりも好い」と言つた。そンな風に、万事自分で改革をした。こツちは、少しも関係しない。『それは、余りひどい』などと言つて、賞めて置くばかりサ。それで、ズーツと事が改つて来たよ。後には、自分で縫物もされるしネ、「大分上手《じようず》になつたから、縫つて上げた」などと言つて、私にも羽織を一枚下すつたのを持つてるよ。三位は、さういふ風にして育てたから、大変に質素だよ。外に出る時でも、双子《フタコ》より外に着せはしなかつたのサ。

アー、和宮は、モ少し上品で、それで利口なのだ。徳川の方で万事しようとしたが、お上《かみ》でなさるやうになつたものだから、こちらから二千両づつ上げたよ。それでも、おかくれの後に見ると、チヤンと取つて置いて、それぞれお附きの者に下すつたよ。天璋院は、万事、和宮と相談なすつたよ。肥田浜五郎がそれサ。あれは、紀州の屋敷の下の地面を私が買つて置いて、和宮様の為《ため》に用意して置いたのサ。すると、お上で、万事なさるといふことになつて入らなくなつたのを、肥田が欲しいと言ふから、『お前が望みがあるなら、やらう』と言つて、やると、それが三四万円になつたのサ。後に肥田が来て、「コンなになりましたから、ちと出しませうか」と言つたから、『馬鹿言へ、いらないから、やつたのだ、そンな金を貰ふものか』と言つてやつたよ。それで、あれは、あンなに金をこしらへたのサ。

和宮様が入らした初めは、みんな閉息して窺《うかが》つて居たのサ。すると、或時《あるとき》、浜御殿へ、天璋院と、将軍と、和宮と三人で居らしたが、踏石の上に、どういふものか、天璋院と和宮の草履をあげて、将軍のだけ下に置いてあつたよ。天璋院は、サキに降りられたがネ、和宮は、これを見て、ポンと飛んで降りて、自分のを除《の》けて、将軍のを上げて、辞儀なすつたさうで、それでピタと静まつたよ。

将軍が大阪で、なくなられて、棺の中へ色々入れる時にネ、フト、和宮からのお手紙があつタ。それを入れようとして、フイト見て、ビツクリしたよ。その精神の凛乎《りんこ》たることといふものは、実に驚いた。「一旦、徳川氏に嫁した以上は、徳川氏の為に生命をすてる。お還りの早いことは、一日千秋の思ひでお待ち申すが、国の為に速《すみや》かに凱旋《がいせん》があるやうに」といふ意味さ。

御一新の時でも、和宮を奉じて騒がうとしたものがあるが、宮が泰然として居らして、少しも心配なかつたよ。おかくれの時でも、「決して皇室の方に葬るナ、是非、徳川氏の方に埋めてくれ」といふ御遺言だ。


注　和宮は、孝明天皇の妹で、十四代将軍家茂の夫人。

大久保一翁が「奥から潰れる……」と嘆いたのが何時のことか判然としないが、「後に私の家に御一緒に居らした時……」や「天璋院のお伴で……」は、明治になってからだろう。

また「お上でなさるやうになつたものだから」は、維新後の和宮の生活費を、天皇家が出したの意。肥田浜五郎は、長崎海軍伝習以来の海軍仲間で、明治後は、官途につくとともに、銀行や鉄道に関係した。

家禄を浮かす

勝家の家禄三万五千円は、ピヨコンと浮上してしまふつもりサ。それは、妙なもので、みンながそれを頼みにするやうになると、それは、いくらあつても足るものでないよ。だから、その外に、年に千五百円だけあると、あちらこちらの寄つてるものに、十円や二十円づゝやれると思つて、ひどく苦心してるのサ。ナニ、家禄だけ残して、家と地面とを売つてしまへば、訳は無いがネ。さうしては、これもあれもといふやうになつて、際限が無いから、それは決してしないのサ。

この一日には、辞表を持つて出たが、どうも場合が悪いので、そのまゝ持つて帰つたよ。大東のやうだがノ。然し。こンな時に、明治の功臣が、たゞ天子ばかりを困《くるし》めるといふことはない、たとひ出来んまでも自《みずか》ら進んで尽力する筈《はず》だと言うて置いたのサ。ナニ、黒田にサ。

山県には会やしない。樺山は出るだらうと思つてたよ、忠直の人だからナ。ナニ、二ケ月サ。暮れはせはしい、一月は餅《もち》や酒で済む。マア、二月のはじめになると、又降参サ。

どうして〳〵、まだこれが初めだもの、まだ、なかなか、こンな事で済むものぢやアない。経済の事は、窮《きわま》つてそれから道が開けるのだ。自然に随《したが》ふことは、段々進歩するだけだね、決してあと戻《もど》りといふことが無いよ。

人心の理といふものは、古今同じだからナ。たゞその趣が違つて見えるだけだもの。

ホイトネーの妹には、六十円づゝやるよ。あれの亭主は悪いものぢやアないが、五十円づゝ取つて居たのが、何でもだまされて、やめてしまつた。あれが、何処かへ出てくれると善いのだが、己が口をきけば、何処でも出られようが、ソウすると、どこまでも、頼つてくるからナ。それで、子供には何の罪もないのだからと言つて、子供へと言つて、六十円づつやるのさ。

三位は、宮内省で大層評判がいゝ。それに勉める人でネ。宮内省で、御機嫌伺《ごきげんうかがい》などに、欠かしたことは無いさうだ。この間の市長の時も、己が不承知だと言つたのサ。『ナニ身首所を異にするといふ場合には、己が奨《すす》めてでも出して、市民を安堵《あんど》させる。ナニ、こンな太平時代に、馬鹿々々しい。そんな事はしないで、人にお任せなさい。その代り、乱の時には、生命を投出しなさい』と言つたら、「ハイ〳〵」と言つてたが、大変なことを言ふ老爺《オヤジ》だと思つたらうよ。だが、それ位な事は出来るよ。大体の事はわかるよ。無邪気だから。まだ〳〵モウ一変しなければ大臣になどならぬがイーよ。

注　勝家の財産の話も、ここが最後、浮かした家禄は、徳川家に返上するつもりだというのである。辞表はむろん、枢密顧問官。大東は、隈板内閣の司法大臣だった大東義徹だろう。なお、ここで、海舟が政局について発言したことが少しうかがえるが、詳しくは、次回。海舟が「出るだらうと思つてた」樺山資紀は、第二次山県内閣で文部大臣に就任した。

「ホイトネーの妹……」のところ、「あれの亭主」とは、他人事のようだが、実は海舟の妾腹の子、梶梅太郎である。つまり梅太郎が、アメリカ人ホイトニーの妹のクララと結婚しているわけだ。子供はつまり海舟の孫である。

最後の、三位についての話の中で、「この間の市長の時」云々は、徳川家達に東京市長の話がもちこまれたのである。

明治三十一年十一月三十日

第二次山県内閣の成立から約一月を経ているせいか、政変直後の談話で伏せていたことを、小出しながらしゃべっている。また、現在の政局にからめて幕末維新期の思い出が語られるのは、いつものとおりで、今回も、秘話が多い。「午後三時より六時まで」。

第二次山県内閣

この一日、ひどく言つてやつた。『至誠奉公といふことを構ひなさらんから、いかん』とひどくやつたよ。そして、書記官に書かして出した。それで聴かねば、宮内省に出て言はうといふ見幕だから、恐れたよ。それが土台になつて、アーなつたのだ。いくさ人《ニン》だからネ、わかつたやうだ。一言で、まとめてやつた。いくら出来んといつても、それはいかぬ。ヒラ人《ビト》ならば、出ないでもいゝが、自分で元勲とか侯爵とかいつてるぢやアないか。お上でも、元勲といつて、扱つて下さるぢやないか。出来ると出来ぬは別問題だ。そンな事に頓着《とんじゃく》なく、御用と仰《おつ》しやれば、何でも為《な》すべきぢやアないか。西洋は西洋、国が違ふ。天子《てんし》様お一人を残して、逃げるといふ筈《はず》はない。

すると、もう、人が来て、今度は大層、力を入れておやンなすツたさうだと言ふから、

『何も知らネー』と言ふのサ。「どうか三年位持たせたい」と言ふ。それが間違《まちがい》だといふのサ。己は『二ケ月でいゝ』と言ふのサ。その内に、後の事をよくすればいゝのだ。もう少し定まると、長く持たうといふ。それでいけないのだ。

国といふものは、独立して、何か卓絶したものがなければならぬ。いくら、西洋々々といつても、善い事は採《と》り、その外に何かなければならぬ。それが無いのだもの。つまり、亜細《あじ》亜《あ》に人が無いのだよ。それで、一々西洋の真似をするのだ。西洋は規模が大くて、遠大だ。チヤーンとして立つて居るから、外が自然に倒れるのだ。まるで、日本などは、子供扱ひだ。褒めてやつたり、叱つたりする。それで、善い気になつてるといふものがあるものか。

注　「この一日」とは、前回にもみえていた十一月一日の枢密院議長黒田清隆相手の談判であろうか。その海舟の意見が「土台」となって、山県内閣ができたというのである。この内閣は、二年近く続いた。

憲政党

書記官長（小牧氏）がやつて来たから、『辞表を出すやうに、してる』と言ふと、驚いて、何か不平があるかと言ふから、『満腹の不平だ、三十年、己が苦心して立てゝやつたものを、みンなが寄つてたかつて、ぶちこはさうとするから、不平だ』と言つてやつた。宮島が黒田に行つたら、この間はひどいことを言ひなすツたさうだと言ふから『何もひどくはネー』と言つたのサ。

憲政党も大分評判が悪いさうだ。党の者が来て、さう言ふから、『それがいけないのだ』と言つてやつたのサ。『ナニ、みンな、経験で、一度や二度でゆくものでない。だから、チヤンとして、一々練磨しなければ成らぬ、今更驚くといふことがあるものか』と言うた。ナニ、政党といふのではない。少しも政党ではないよ。

木戸、大久保、西郷は、流石《さすが》、チヤーンとして居たよ。どうして〳〵、コンなものではない。それだから、いつたのだ。今の奴等は、みンな、その尻馬《しりうま》に乗つたのだもの。

ソリヤア、西郷が第一サ。大久保になると、少し小さくなつたナ。木戸と来ると、もう、急いで仕方がなかつた。ダガ、あの三人は、なか〳〵今の功臣のやうな、やにつこいものジヤアない。どんな事が来ても、その手は夙《とう》から知つてるといふ調子だ。

西郷位のやつが、もしするのなら、ひどく、いぢめてやるが、ナニ、今の人は、みんな、人が善いのだもの、気の毒でならないよ、相手にするに足りないジヤアないか。

注　枢密院の書記官長は、この十一月八日に、平田東助から小牧昌業へと交替していた。宮島は、既出の貴族院議員宮島誠一郎であろう。

憲政党は、この時期であれば、分裂後の旧自由党系を指す。山県内閣は、この憲政党との提携工作をすすめており、ちょうどこの三十日に、代議士との茶話会で、話し合いの成立を声明している。ただし、海舟がここで、憲政本党と区別してしゃべっているのかどうかは、疑問だろう。

海軍卿のとき

海軍卿の時かエ……。みンな、川村サ。川村が次官だから、功はあれに帰《き》させたよ。時々出ていつて、小印をつくばかりサ。何もしないよ。だが、今の伊東ネ。この間《アイダ》も来たから、話して笑つてやつたのだが、アレが、軍艦に兵粮《ひょうろう》まで積み、すツかり用意をして朝鮮征伐に行かうといふのだ。もう五六日で行くといふやうになつた。すると、三条から、「お前は知つてるか、どうだか、かういふ訳だ」と言ふから、『ナニ、私が海軍卿だから、安心して任せてゐらツしやい』と言うてやつた。それから、内へ五六人呼んで、『お前達は、朝鮮征伐をやらかさうといふさうだが、それは男らしくて面白い、おやんなさい。だが、その跡はどうするのだ』と聞いてやると、みンな弱つてしまつた。「それではどうしませう」と言ふから、『それより先づ支那から台湾の方へ行つて見ろ』と命じてやつた。「それが出来さへすればありがたいが、どうでせう」と言ふから、『ナニ、己が許すのだから、構ふものか、行け』と言つた。その頃は、まだあの辺へ行くことは出来なかつたのだからネ。それでみンなが喜んで、行つて、初めて外国を見て、驚いてしまつて、朝鮮征伐は止《や》んだよ。それから帰つて来たから、みンな賞めてやつて、官を上げてやつた。すると、勝はどうひツくりかへるか知れぬといふので、大層嫌はれて、己は引込んだよ。

征韓論ナンテ、馬鹿な事があるものか。西郷の考へも知らないで、その志をつぐなどといふから訳《わか》らないのだ。己はあの時、海軍卿だ。戦争のつもりなら、話があらあネ。あとで『一体お前はどうするつもりだつた』と話したら、アハハ笑つて、「あなたにはわかつてませう」と言つたよ。ソレ切《きり》サ。

それから、参議サ。その頃は大木のお伴《とも》で、ヅン〳〵印をついた。「あなたは少しも御覧なさらぬやうだ」と言ふから、『ナニ、お前が印をつくから、つくのだ』と言つたのよ。大久保は大変勉強家だからそれを大層嫌がつたよ。

注　海舟が海軍卿だったのは、明治六年十月から八年四月まで。しかし、明治五年五月からの海軍大輔時代も、事実上は海軍卿に等しかったから、ここの「海軍卿の時」は、五年から八年までの幅で考えてよいだろう。

川村純義は、薩摩出身で、海軍小輔から海軍大輔と進んで海舟を補佐し、明治十一年、海軍卿となった。

伊東は、祐麿（中将）・祐亨（大将・元帥）の兄弟があるが、ここで話題になっているのは、兄の祐麿の方だろう。六年と七年とに、清国巡航をしている。早く軍務を離れて元老院議官などやり、このときは貴族院議員。

「征韓論ナンテ、馬鹿な……」のところ、「あの時」とはむろん西郷が征韓論を唱えて政府が分裂したとき。西郷の征韓論の真意につき、注目すべき重要な証言だが、両者が「あとで」こういう会話を交す機会があったとは思えない。海舟は明治二十年代に入ってから急に、西郷は征韓論者ではなかったと強調し始め、最後まで言い通す。

「それから、参議サ」は、一つ前の「己は引込んだよ」を受けているのだが、海舟、実は、六年十月から八年四月まで、参議兼海軍卿なのである。なお、大木のことを含めて、二十九年十月二十一日付談話および注を参照。

久光呼出しと西郷

それでも、西郷が国に行つてわれた時に、三条さんから、どうかお前に行つて貰ひたいといふから、馬鹿々々しいと思つて断ると、西郷の手紙を見せて、「それでも、かういふやうに、是非、勝をよこしてくれとある」と言ふから、己はカウやつてツク〴〵見て居たが、ひどく感激したから、『それなら行きます』と言ツて、翌日、長崎へ御用があつて行くといふ書付をもらつて、一人でいつて、久光を連れて来たのサ。それは〳〵西郷なんていつても小僧のやうなもので、その時驚いたよ。久光公のお附きの老人で、二三人、やかましヤがあつて、なか〳〵聞かない奴だつたが、それに話すと、ナニ、あの吉之助ですか、あの小僧がといふ調子サ。

それから、モ一度ソンナ事があつて、大久保が来て、わざ〳〵頼んだ。モウ二度とコンナ事はお頼みしませんと言つたのだもの、十年の時は、もう、ソウ〳〵頼めまいジヤないか。

その時は岩倉公から話があつた。西郷はどうだらうと問はれるから、西郷は決して出ませんと言つた。スルト、少したつて、西郷も出たソウジヤないかと言はれるから、出ても決して指揮はしませんと言つてやつた。西郷が謀叛《むほん》の巨魁《きよかい》になるやうジヤ、西郷の西郷たる所はありやしないよ。果して、西郷は終りまで、一度も指揮はしなかつたよ。

それから又、岩倉さんが、大層、御馳走をして、どうか一つ行つて治めてくれまいかと頼まれるのサ。ソウ〳〵己もいやだから、断つたが、たつてといふ頼みサ。佐野が証人にしてあらあ。

「どうぞ行つてくれ」と言ふから、『行かないこともないが、その代り、全権です、どンな事をするか、知れませんよ』と言ツた。「どういふことだ」と言ふから、『大久保でも木戸でも、免職させるかも知れぬ』と言ツたから、「それでは困る」と言ふから、『そンな事なら、公卿でもおやんなさい、私の行くまでもない』と言つて、やめになつた。

これでも、それ相応の奉公はしてあるよ。たゞで、飯を食つてはゐないから、善いではないか。

注　島津久光を呼びに行く話については、明治二十九年九月十七日付談話および注を参照。今回の談話では、同じことが二回あり、一回目は三条、二回目は大久保が頼んだことになっているので、その点では、他の条件と合致するのだが、久光を二度目に呼びに行くのは征韓論問題で政府が分裂し西郷が辞任帰国したあとの明治七年である。大久保が海舟に頼むという場面があったかもしれないが、鹿児島に行ったのは山岡鉄舟。

「十年の時」は、いうまでもなく西南戦争。岩倉具視から交渉があったときに「証人」にしたという佐野は、既出の常民。

五十年、政治で食つてゐる

この間の西洋人が祈つてくれたが、「あなたは、神様のお護りがあつたのだ」と、まじめに言つたよ。お世辞かしらと思つたら、さうでなかつたよ。私は、人を殺すのが、大嫌ひで、一人でも殺したものはないよ。みンな逃《にが》して、殺すべきものでも、マア〳〵と言つて放つて置いた。ナニ、蚤《のみ》や虱《しらみ》は殺すから、さう思へば善いのだが、ごく殺人は嫌ひだつた。それは河上彦斎が教へてくれた。「あなたは、さう人を殺しなさらぬが、それはいけません、唐茄子《とうなす》でも、茄子《す》でも、あなたは、取つてお上んなさるだらう、あいつ等は、そンなものです」と言つた。それは、ひどい奴だつたよ。然し、河上は殺されたよ。己は殺されなかつたのは、無辜《むこ》を殺さなかつた故かも知れんよ。刀でも、ひどく丈夫に結《ゆ》はへて、決して抜けないやうにしてあつた。人に斬《き》られても、こちらは斬らぬといふ覚悟だつた。ナニ、蚤や虱と思へばいゝのサ。肩につかまつて、チクリ〳〵と刺しても、たゞ痒《かゆ》いだけだ。生命に関《かかわ》りはしないよ。

田舎《いなか》の議員が来て生意気《なまいき》なことを言ふから、『馬鹿奴《め》、うぬ等にわかつてたまるものか』と怒つてやつた。『お前に、己が米の事を言つても信じやすまい、笑ふだらう。己に政治の事を言ふのは、お前に米の事を言ふやうなものだ、こつちは、五十年、政治で飯を食つてるものだ』と言つてやつた。

徳川氏でも、本多とか、井伊とかいつて、軍《イクサ》に骨を折つたやうだが、それは短い間だ。元《げん》亀天正《きてんしょう》の頃、骨を折つた人もあるが、みンな一局部の事だ。国家の事で五十年骨を折つたのは、己ばかりだ。己ほど、長いものは無いといふ見幕だ。

ナニ、誰を味方にしようなどといふから、間違ふのだ。みンな、敵がいゝ。敵が無いと、事が出来ぬ。国家といふものは、みんながワイ〳〵反対して、それでいゝのだ。己などは、その見幕だつた。アー、溝口が知つてらあ。『みンな、敵になつたから、これなら出来ます』と言つた。余り大言だといふたが、さうぢやあないか。慶喜殿も覚えて居られるだらう。

相談々々といふのがいかぬ、既に、気が餓《う》ゑてるもの。

どうして、もツと、ひどからうと思つて居たのだ存外だ。こンな、グヅ〳〵で済んでしまふのだ。己は、かうなつたら、かう、あゝなつたら、あゝと、みんな考へて置いたのだ。それで、病気にまでなつて考へて置いたのだ。一言で治めるやうに皆用意がしてあるのだ。ナニ、この位の事は、何でもありやしない。

ナーニ、己が三十年前にやつたのを、少し趣を変へて、やりさへすれば、それでいゝのだ。新陳代謝《しんちんたいしや》、新陳代謝で、いくのだ。内で喧嘩《けんか》をして居るからわからないのだ。一つ、外から見て御覧ナ。直《じ》きにわかつてしまふよ。

ナニ、枢密だとか、何とかいつて、そンなものでなくて、出来らあナ。大久保や、木戸は、コンなものでない。そンなことは、とうから知つてるといふ調子で、裏をいつたからナ。御前《ごぜん》で、ひどく、大久保をやつてやつたのサ。

注　河上彦斎の人殺しの仕方については、三十年九月、日不詳の談話に詳しく出ている。溝口は、既出の勝如＝八十五郎で、明治元年には、勘定奉行から田安家家老に転じたところだった。

忠義の士が国をつぶす

この間、夜、慶喜殿がやつて来て、有栖川《ありすがわ》が来て、ナゼ出ないか、カド〳〵には是非出るやうにと言ふから、どうしようと相談されるから、それは構《かま》はない。お出なさいと言うた。ダガ、アナタはぶちこはすことが上手だから、一緒になつておこはしなさい。スルト、私が大辺《たいへん》にエライ男になります。勝が居る間は、徳川も落着いて居たが、アレがなくなつたらト言つて、大層男が上りますから、有りがたいト言つてやつたら、大へんイヤナ顔をして居たよ。ナニ、節句々々といふやうな時には、それは出るがイヽサ。それも宮さまから、ワザ

〱さふのだから、それでもトいふのは、善くない。然し、慶喜がいま出たつて何になるものか。宮さまなどが、何がわかるものかと言つてやつたノサ。

黒田がモ少しわかるといゝが、カラわからなくなつたから。それに、年がよると、忌《い》むからネ。うちの婆が、隣の婆さんの悪口を言ふやうなものだ。じよう談ぢヤアないよ。

二十八から海軍の練習で、それが六年。それから、すぐ亜《あ》米《め》利《り》加《か》にいつたらう。五十年だもの。少しも面白いことはない。知らない間に時がたつてしまつた。

何でも、己が為《な》さう〱といふのが、善くない。誰がしてもいゝ。国家といふものが善くなればいい。第一、その目途が違ふのだもの。

田舎の者等から、どうなりませう〱と聞くから、『ナニ、心配はない、西洋人が来れば、それにお前方は食はして貰ふのだ。横浜でも、二十人も来れば、それで、あンなに大勢が食つてるぢやアないか』と言ふと、みンな嫌がるよ。

うちの男でも女でも、みなそれぞれ役があつて、それに慣れて居るのに、急に主人が代つて、何でも主人がするといふことは出来まいではないか。今の政治家は、それをしようといふのだ。

世に具《ぐ》眼《がん》の士があるから、それから笑はれるからネ。あンな事に同じやうに騒いでると言はれるのが、いやだ。

玄徳だつてさうだ。たツた、孔明一人を見抜いて、「あれに」といふので、ヤイ〱引張《ひつぱ》り出した。孔明でも、一人で出て行つて、どうか、かうか、やつたぢやアないか。昔から、みンな、同じ事で、チヤンときまつてるよ。百年の後に、知己を待つのだ。なにが、わかるものか。昔から、大功の有つた人は、人が知らないよ。久しうして後にわかるのだ。それが、大変好きで、昔から、それを守つたよ。ナニ、忠義の士といふものがあつて、国をつぶすのだ。己のやうな、大不忠、大不義のものがなければならぬ。

ナアニ、維新の事は、己と西郷とでやつたのサ。西郷の尻馬にのつて、明治の功臣もなにもあるものか。自分が元勲だと思ふから、コウなつたのだ。

江戸の明け渡しの時は、スツカリ準備がしてあつたのサ。イヤだと言やあ、仕方がない。あつちが無辜《むこ》の民を殺す前に、コチラから焼打《やきうち》のつもりサ。爆裂弾でも大層なものだつたよ。あとで、品川沖へ棄てるのが骨サ。治《おさま》つてから、西郷と話して、『あの時は、ひどい目にあはせてやらうと思つてた』と言つたら、西郷め、「アハハ、その手は食はんつもりでした」と言つたよ。

ナアニ、己の方よりか西郷はひどい目にあつたよ。勝に欺《だま》されたのだと謂《い》つて、ソレワ〳〵、ひどい目にあつたよ。

注 有栖川は、慶喜参内《さんだい》の橋渡しをした威仁親王。黒田はもちろん清隆。

「二十八から海軍の練習で、それが六年」は、ずいぶん乱暴な計算だが、放談をとがめても仕方ないのかもしれない。

公私相半ばすれば

外国へ行く者が、よく事情を知らぬから知らぬからと言ふが、知つて往《い》かうといふのが、善くない。何も、用意をしないで、フイと往つて、不用意に見て来なければならぬ。人は、公私相半ばすれば、大変なものだ。釈迦《しやか》や、基督《きりすと》のやうな人は公《おおやけ》ばかりだらうが、その外の人は、なか〳〵公ばかりといふことは出来ぬ。公私相半ばすれば、余程の人だ。これをかういふ都合にといつてすれば、もう私だからネ。

孟子《もうし》は、性善と曰《い》ひ、荀子《じゆんし》は性悪と曰つたが、性善でもなく、性悪でも無いやうだが、先づ、どツちかと言ふと、悪い方が多いやうだ。

新島には、ひどく言つてやつたが、怒つてしまつた。それで、徳富でも、弾正でも、呼んでソウ言つたのだ。つぶしておしまひなさい。それから新たにするのだと言つたが、馬鹿にして聴かない。わからないのだもの。ミナ覚えて居るだらう。

慶喜殿だつて、お上《かみ》からお言葉のあつた時、私等一門は、せめてジツトして、守護して居りますのが、せめてもの御奉公だと存じますと、言つたら、大変に立派になるがネ。それが出来ないよ。さう言はせれば、ツケヤキ刃だからネ。何にもなりやしない。

己は先づ五十年で。これが国家の一番難局に長く当つたものだ。一番長いだらう。それでも、知らぬ間に、過ぎてしまつたよ。

みンな、不平を洩《も》らしに来るのだよ。たまつたものぢやアありやしない。外国人だつてさうだ。みな政府が約束を破つた末をこつちに持つて来るのだもの。

又、書いたものを出さうと思つて、あそこに書きかけてあるが、どうも、のぼせるからネ。

国といふものは、決して人が取りはしない。内からつぶして、西洋人にやるのだ。

注　新島と、徳富蘇峰や海老名弾正ら熊本バンドの面々のこと、何度も出ているが、二十九年十一月三日が初出なので、そこの注を参照。

「政府が約束を破つた末をこつちに持つて来る」は、直接には、次々回に出る康有為のことがある。

明治三十一年十二月二十日

どういうわけか、女郎の話に終始している。巌本が、婦人解放運動関係の話題を持ちこんだのであろうか。

「午前九時より十一時まで」、今回は末尾の注は要らないだろう。

女郎のこと

女郎の事などは放つて置くのサ。殖《ふや》さないやうにだけするのサ。水野越前の時でも、国家の為《ため》とか、外国に対してどうとか言つて、それはやかましかつたが、その後、向ふに行つて見ると、どうしてどうして、大変なものだ。それに、間男《まおとこ》が多くてネ。それで、帰つてから、笑つてやつたのサ。

元、剣術の師匠をしてる時には、あの金棒引《かなぼうひき》などがお弟子サ。みンな元は良い身分で道楽して落ちたものだが、その嚊《カカア》には、密売をさせるのサ。そンな奴《ヤツ》でも、なかなか節義があつて、えらいものだ。それから、少し上つて見ると、反《かえ》つて上の方が善くない。それで、己はチヤンと見てしまつた。決して見かけのやうなものでない。そンな、小さい事に骨をお折りでないよ。

ナニ、紀州で新設すると。置きはすまい。どうして、もと無かつたか知らないが、先《せん》から
の風だ。その代り淫風《いんぷう》はひどいよ。一年ほど頼まれて行つて居たからよく知つてます。大変惚《ノロ》け
いまでも、議員か何かになつてる、なンとかいつた奴《ヤツ》、それはをかしかつたよ。大変惚《ノロ》け
てネ。女が立てかへてくれると言つて自惚《うぬぼ》れて居たよ。そのうち、女から吹掛けられて千両
くれぬと妻の所にあばれ込むといふので、大変弱つて、どうかしてくれと泣くやうになつて
来たから、『ナニ、構はない三百両ほど持つていつて、よく打ちあけて頼みなさい。「今お前
が来て事を公《オオヤケ》にすると、お役も御免になり、困るから」と言つて、打ちあけて、お言ひな
さい』と言ふと、「どうして〳〵千両と言ふから」といつて聞かない。『マア〳〵』と言つ
て、さうさせたら、あちらは、その三百両を取つて、大変悪口をついたさうな。「コレ位の
金で手を切るのではないが、お前も、余程力のない男だ」と言つて、大変愛憎《あいそ》づかしをやつ
たさうな。それで帰つて来て大そう怒つて、「あなたはどうしてあンな事を知つて居らつし
やる」と問ふから、笑つてやつたよ。その時、もう外に三人男をこしらへて居つたさうだ
よ。
　己が知つてる女将《オカミ》や、女に会ふと、こツちの説法は別だ。『思ひ切り、しこたま取つてお
やりよ』と言ふのサ。
　ア、、さうとも、風体《ふうてい》に余計かゝるから、正味は、なンにもなりはしないよ。

明治三十二年一月二日

海舟最後の年の正月、死没の二週間前である。体調の悪いのを押して大いに弁じたようだ。康《こう》有為《ゆうい》のこと、藩閥と政党のこと、鉱毒のこと、いずれも、これまでの談話や、その背景となっていた政治情勢を頭に置いて読むと、なかなか含蓄がある。「朝九時半より午後三時に及ぶ」となっている。

康有為

葡萄酒《ぶどう》をガブ〳〵余計飲んだら、それから悪くなりました。

康有為へやつたのは、北沢が訳したが、よく出来なかつたよ。陳政が来たから、又見せて直したよ。宮島に見せたら、大へん喜んで、カウいふものがありますれば是非借りたいと言つて持つて行つたよ。

公使も、元は、仲間であつたさうなが、栄禄に説かれて止《や》めたのださうな。何でも、栄禄は善いさうだ。

康有為は、今に朴《ぼく》のやうになつてしまふから、サウならんうちに一つ助けてやらうといふ考へなのだ。金も出し途《みち》がこさへてあるのだけれどもネ。何でもア、いふものは、有る方がい〵。反《かえ》つて進歩の為《ため》になると言つてやるのだが、どうもわからないよ。皇太后は、魯西亜《ろしあ》を大層信じて居られたさうだ。魯西亜は、急に開かないで、段々にお開きなさいといふ忠告ださうなが、それは前からの忠告ださうな。支那でも、それがわかつて、信用するのだから、流石《さすが》に人物があるのだナ、と思つてるよ。

注　康有為は、清の光緒帝に用いられて政治改革をおこなったが、西太后ら守旧派のクーデタによって失脚(戊戌政変)、明治三十一年十月に、日本に亡命した。そのときの大隈首相兼外相は、とりあえず康を保護したが、山県内閣になると、康を日本に留めるのは得策でないとの意見が強まってきている。

海舟が康有為にあてた手紙では、日本と中国の国情の違いを強調し、明治維新を模範にする必要はない、という。それを漢訳した北沢は、松代出身で佐久間象山の弟子だった北沢正誠であろうか。陳政は、日清講和条約のときに通訳をつとめた楢原陳政。宮島は、既出の誠一郎か、あるいは息子の大八かもしれない。

公使とは、このときの駐日清国公使の李盛鐸で、はじめ改革派だった。「栄禄に説かれて……」とある栄禄は、西太后の甥で、光緒帝の従弟。西太后と組んで康有為らを弾圧した。

「朴のやうになつてしまふから」という朴は、朝鮮の陰謀的政治家で策に敗れては日本亡命をくりかえす朴泳孝を指すのであろう。

皇太后は、もちろん西太后。先帝の実母で、光緒帝からは伯母にあたる。

藩閥を自然に解消させる

アレを先達《せんだつ》て出したよ。

（漢文にて十一月三日の日付なり、枢密院議長宛。大意、憲政は今の政党者の言ふ如きものにあらずとの旨、確然一個大守する所あらば、他は顧みるに足らずとの旨）

山県が、真面目《まじめ》に礼を言つたよ。自分で藩閥だと思はないのが一番だ。自然に移させてやらうと思ふのだ。前の時に（蓋《けだ》し松方内閣の意）やらせてしまふかと思つたが、それは却《かえ》つて善くないと思つたのサ。自然に変へてしまへば、それで善いのサ。西郷や、樺山は、その説になつて居るのだがネ。

梅太もやうやく出たがネ。ナニ、頼めば出来もしようが、それはごくいけない。貴顕の子とか何とか言つて、よく出るものもあるが、時勢が変ると、まるでいけないからネ。アー、御陪食《ごばいしょく》に出たが、この間から場所が変つて、今度は、主上の側になつたから、見えなくてい丶よ。隣が青木、曾禰《そね》ネ。康の事をよく青木に話したが、困つてるよ。それに、矢野がやりそこねたさうだ。……ア丶、さうだらう。どうも前のやり方をその儘《まま》続けるので、さうなるのだらう。勢の変つたことに気が付かんのだらうと思つてるよ。

朝鮮も、アー長く騒いでるから、もう人物が出さうなものだと思つて見て居るが、まだ出ないネ。

注「アレ」といわれているのは、巌本の注にあるように、黒田清隆宛の建言。これが、山県に組閣を決意させる一要因となったのであろう。

西郷従道と樺山資紀は、既述のように第二次松方内閣の閣僚であり、またこのたびの第二次山県内閣の閣僚である。

梅太は、前々回に出た梶梅太郎。

青木は、山県内閣の外相の青木周蔵、曾禰は、農商務相の曾禰荒助。矢野は、第二次松方内閣のときに大隈外相の依頼で清国駐箚《ちゆうさつ》特命全権公使となった矢野龍渓。その後、何度も内閣が変ったが引き続き、同じ職に留まっており、賜暇帰国中に戊戌政変が起ったので慌てて帰任している。

西郷さんのお祭

あの吉田が来たがネ、余程高慢だ。うツかりすると、気が違ふよ。あとで、紹介状を出したよ。

——西郷さんのお祭に居らしたさうですナ。

ウー、演説とか何とか言ふから、怒《オコ》りに行つたのサ。寒くて、たまらないから、小使部屋の方に行つて温《あつたま》つて居たよ。どうも出来がよくない。下手のやうだナ。

(この時、日本新聞社員某氏来る)

お前は一度来たやうだツけノ。弱つてるよ。自分が悪い事をして病気になつたので、仕様がない。政府病だよ。

暮れに田中が、やつて来て、増税の事をかれこれ言ふから、『ナニ五六億にもせねばなるまい』と言つたら、びツくりして居たよ。その出途がありますまいと言ふから、『ナニあるよ、チヤンと考へてある』と言つたら、しきりに聞きたがるから、『それは天機漏らすべからずだ』と言つたのサ。なか〳〵利口で、種を聞出しに来るよ。

二三年病気になつて、よく考へて置いた、すツかり、考へが出来た。

今は、実事の時だもの。サウ考へたり、やつたり、出来はしないよ。チヤンと、前に考へて置いたのサ。長州征伐の時が、〇〇〇両サ、それから割出して西南事件の時も勘定して置いたら、大抵当つたよ。先づ、六で掛けるのサ。今ぢやア、金の直打《ねうち》が減つてるもの。高が多いやうでも実は同じことサ。

注　「あの吉田」は、どの吉田か確定しがたいが、あるいは、土佐の海南学校の吉田数馬か。

巌本が質問している「西郷さんのお祭」は、三十一年十二月十八日にあった上野の西郷隆盛の銅像の除幕式。『女学雑誌』に

「十八日には、出て演説しろといふから、ソンナ馬鹿な事をと言つて断わつた。また〇〇が来て是非にと言ふから、出るのだが、コウいふ歌をよんだ

せめつゞみ　みはたなびかし　たけびしも　昔の夢の　あとふりにける
咲花の　雲の上野に　もゝつたふ　いさをのかたみ　たちし今日かな
あんまり、きまり過ぎて嫌になつたから、も一つよんだ
君まさば　語らんことの　沢《さわ》なるを　南無阿弥陀仏　我も老《おい》たり」

という談話が載っている。「十八日には……出るのだが……」という言いかたと、掲載号との関係からみて、三十一年十二月の上旬、ないし中旬で、十七日以前の談話だと思われる。

人を見抜く法

余計、人に会つたから、一見してわかるよ。チヤンと。胸にひゞくよ。康でもさうサ、宇佐が「未だよくお話もなさらん」と言ふが、『話さなくてもわかる』と言つたのサ。田舎《いなか》のものばかりでも三千人も出這入《ではいり》するもの。自然とわかるやうにならあナ。懐《ふところ》に、何ぼ金を持つてるといふことが、大抵わかるよ。研究を積むやうにしたら、だん〳〵わかつて来たよ。今の人は二十両もあると、ホク〳〵悦《よろこ》んで居るよ。○○さんなぞは、大先生だから、二千円もないとわからないがネ。元は、雲助《くもすけ》などは、よく見たものだが。ナニ、今でもよくわかる途《みち》があらあネ。

御一新の時、泥棒《どろぼう》によく聞いて見たがネ、なかなか入費が掛るものださうな。第一、両替《りようがえ》をするのでも、跡のつかないやうにするには、相応の人を仲間にして、不断から、飼つて置

かねばなるまい。それぞれ皆分前《わけまえ》がいらあナ。

なかなか、取つても急には遣《つか》ひはしないよ。一年も、ポーンと高飛びをして、向ふで稼《かせ》いで、また何処かにいけて置いて、帰つて来て、前のを出して使ふのサ。

うちに居つた奴も大泥棒だつたさうな。何を買ひにやつても正直だし、用に立つしレネ、それは律義《りちぎ》なものだつた。家内なども、「アレは確かだ」などと言つて居たツけネ。泥棒だつたよ。そンな奴は、小さい事はしないよ。

女を妾《めかけ》にして入れたり、目星《めぼし》をつけると、その近所に引越して来て、正直に附合《つきあい》をしたり、店《たな》がりをして、二三年も辛棒《しんぼう》してから、ドサリと、やツつけるよ。本所で剣術の師匠をしてるとき、二三軒先に居たものが、大泥棒だつたさうなが、少しもわからなかつたよ。王子の青木弥太郎なども、女を置いて掛けるのだつた。

京橋で、この前、掏児《スリ》を摑《つかま》へたよ。紙の中へ六十銭入れて、馬鹿になつて居たら、チヨイ〱とつつく。なかなか、急には、取らないよ。そのうち、取らうとしたから、ヂキ、つかまへて、『オメー、何をするのだ、掏児か』と言ふと、「イ、エ、ちよいとさはりました」と言ふから、『馬鹿言ふな、これは中に六十銭、這入《はい》つてるが、オメーが一旦、気を掛けたものだから、己も心持が悪い、やるから、持つてお出《い》で』と言つたら、「それはどうも済みませんツ」と言つて、礼を言つて持つていつたよ。大笑ひサ。

上野で外套《がいとう》をすられた時には、少しもわからなかつた。余程上手だつたよ。古いので惜しくもないがネ。上手だつたよ。

この間《あいだ》、強盗の出さうな所を、杖をついて、田舎ものゝやうにして通つて見たが、どうも出なかつたよ。

前に三千円ほど持つて帰る時に、「人を上げませう、あぶないから」としきりに言ふから、『ナニ、よう御座います、大丈夫です』と言つて、新聞紙に包んで、十文字に縛つて、手にぶら下げて持つて来たよ。色々防ぐ術があらア。

泥棒の所々に隠す場所を知つて居て、そのうは前をはねる商売の奴がある。大岡越前の時にネ、ある奴をつかまへて、お前は泥棒か、と言ふと、「イエ、泥棒ではありません」と言ふ。それなら、何だ、と言ふと、「うは前をはねるのだ」と言ふから、許して置いて、ある時、江戸橋の擬宝珠《ギボウシュ》の中に、三両ほど隠して置いて、それから召出して、何か善い商売が見付かつたか、と言ふと、「ハア、少しの口ですが、かういふ橋の擬宝珠に、三両ほど這入つて居ます」と言うたさうナ。それで、大岡も驚いて、褒美《ほうび》をやつたといふことだ。どうだエ、ちと、泥棒学でもやつては。

幇間《タイコモチ》では、君太夫などは、六十年もやつてる。それは上手なものだ。一見して、チヤンと、見てしまふよ。よく話したツけ。「どなたと、どなたが、この間、寄合つて、政談でしたが、アレは間違つてます、アレでは、とてもいけません」などと言つてるよ。

八百松《やおまつ》の婆に、久し振《ぶ》り、会つたら、「殿様に見せたいやうでした。遠くから離れて、無《む》暗《やみ》にお辞義《じぎ》をすると、大変喜んで居ました」などと言つてた。『新聞屋が来るかイ』と聞いたら、「よく来ます、アレは御馳走をして、喰はしてやりますのサ、カラ間違つてますが、あれで、よく新聞が書けたものです」なんて言つてたよ。

露八かエ、あれは榎本の子分だつたが、どうも中年からのタイコだから、まだどうも下手だよ。湖月の亭主《ていしゅ》は、元の門弟だが、「何でも、しこたま取つてやります、取つてやればイヽのです」と言つてたツけ。

注　康有為を海舟のところに案内した宇佐は、三十年四月二十二日に来ていた宇佐穏来彦で、あれから中国に渡り、康有為の亡命にも一役買っていた。宇佐は、孫文ら革命派ともつきあいがある。なお、康有為は、結局日本には留まれず、海舟没後の三十二年三月、カナダに向う。

鉱毒のこと

礦毒の事は、とうに調べて置いたよ。わざ〳〵日光へも行つて見たのサ。あつちの方へは行かんがネ。歌が詠《よ》んであるよ。

かきにごし〳〵なば真清水《ましみず》の
　末くむ人のいかにうからむ

エ、明治二十七年サ。

古河が会ひたいと言つて来たのだつたが、会はなかつたが、よかつたよ。ナニあれもわかる男だらうから、話し合ひを付ければ、それでいゝのだがネ。古河は、何処の男だエ。フー、流れものだネ。陸奥が悪いのサ。息子が、古河にやつてあつたけノ。大臣は誰だエ。荒助ぢやア、弱つてるだらう。委員とか何とか言つて、色々のものを持つて来たよ。返したがネ。アー、さうかい、さうだらう、田中は知らないのだネ。何か、もち上りさうかエ。どうせ、血を見ずには、止《や》むまいよ。一つ騒ぐ方がいいのサ。

関東といふ所は、気風が妙だからナ。尊氏《たかうじ》と新田《にった》でも、御覧ナ。親類同士で、アーいふ喧嘩だらう。高時でも、悪いものかといへば、さうでない、八百人も自殺してるよ。一ツ敵になると、何といふことなしに、骨肉相殺すまでに至るのが風だ。その代り、一ツ解けてくると、また、ガラリとするのだ。昔から、ア、だ。九州とは、余程違ふ。東北はまた愚だからネ。それで、樺山が内務の時にも、さう言つてやつたのサ。それで、驚いて、草鞋《わらじ》などを穿《は》いて礦毒地方を廻つたのサ。すると、また感激して鎮まるからナ。

注　鉱毒のことは、三十年三月二十七日に既出。今回に出ている人物やその縁故関係についても、同日の注で詳しく述べた。なお、荒助は、本日の「藩閥を自然に解消させる」に出ている曾禰荒助。

「八百人も自殺」は、鎌倉幕府滅亡のとき、北条高時に殉じたもの。
「樺山が内務の時」は、第二次松方内閣。

時勢の変りと人間の値打

星《ほし》は何処のものだエ……アー、さうかエ……さうだらうな。アレだけ悪《にく》まれるのだから。コノ二三年、もう変つた奴が出さうなものだと、余程、注意して見たが、どうも出ないネ。あまり、西洋に酔つて、固まつてしまつたものだから、いけないのだネ、一つ、看破《みやぶ》つてるものが、どうも出ない。

福沢はなほつたかイ。……フウ、さうか。

時勢の変りといふものは妙なもので、人物の直打《ねうち》が、ガラリと違つて来るよ。どうも、その事がわからなかつたがネ、今から三十二年前に、初めてわかつたよ。ワシが抜擢《ばつてき》されて、その頃の上の者と初めて一つ会議などに出たところが、カラキシ、一つも知らない。それは〳〵ひどいものだ。どうしてこれで事が出来たものかと思つて、不思議なほどであつたが、その時、初めて、勢の転ずる工合がわかつた。

一ツ、大本を守つて、しツかりした所がありさへすれば、騒ぎのあるのは、反《かえ》つて善いのだと言ふけれども、どうもわからないネ。一つ、大本を守つて、それから、変化して往《い》くのだ。その変化が出来にくいものとみえる。

むつかしいのが財政だ。幕府は、収入テイのは。八百万石、運上金《うんじようきん》が八万両、山林などが百万両だよ。京都を粗末にしたやうにいふけど、この中から五十万両、その外に色々と出さあナ。御大葬費にしても、仁孝天皇の時に十万両、孝明天皇の時が二十万両だ。英照皇太后の時ネ。松方と土方が喧嘩をしたが、誰だか、「徳川の時はひどいことをしたのだから」と言つたツけ。己は黙つて居たが、あとで、スツカリ細かに書付にして出したら、驚いてネ、「早くさう言つて下されば善いに」と言ふから、『さうでンすか、徳川の事ですから、役にヤア、立ちますまいと思つてました』と言つてやつたよ。それで、あとで、公卿が来て、「とても徳川の時には比べられません」と言つたツけ。


注　星は、このとき分裂後の憲政党（旧自由党系）総務委員をしている星亨。江戸の左官職の子供である。福沢の病気については、三十一年十月二十三日の注参照。

「時勢の変り……」のところ、「今から三十二年前」というと慶応三年～明治元年ごろになるが、そのころ「抜擢されて、……」は、事実と合わない。もう少し前の文久二年に軍艦奉行並となり、海陸軍制改正掛に加わったころにふさわしい言い方である。

英照皇太后の葬儀についての松方と土方の喧嘩は、三十一年十月七日付参照。

明治三十二年一月十四日

海舟死去の、五日前である。時間は「午後二時より三時まで」で、また、「臥床せらる」となっている。

最終訪問の記

――まだいけませんか。

どうも痛くつてネ、通じがとまつたら、又いけなくなりましたよ。

どうです。世間は騒々しいかネ。静かですか。戸川はどうしてます。

――余程せはしいやうです、先達《せんだつ》ての書付は渡しました、二三度上つたさうですが、お留守だつたさうです。

ハア、さうだつけ、まうかるかね、それはイー。

横井は、もう帰りましたか。

――西京です。たうとうみンナ辞職しました。

早くヨス方がいゝよ。どうせいけないのだから。

（滝村鶴雄氏来る。先生、某氏の細書《さいしよ》を見《しめ》さる。金円無心の文なり。同氏の辞去せしを

呼び返し、前月上《たてまつ》られし、奏文の漢訳を出し、その写を委頼《いらい》せらる）
奥の方に、たれか漢文の上手なものが居りませうか。字を間違へないやうな。陳政もせはしいので、これで御免を蒙りますと言つて、持つてきたものだから。どうか御面倒ですが、それジヤア、願ひます。

（この時、紙挟《かみばさ》みを引《ひき》よせ種々取調べられし中に、康有為来談の時の筆記。田中宮内大臣に上る書の控など見ゆ）

どうも、ワタシのは、半紙にソンナに書く流儀で、バラ〳〵です。どうしても、イケナイ流儀ですよ。

又、薬カエ、房《フサ》（女中の名）がうるさくて、薬ばかり持つて来て。ホンニ、悪い人だよ。モウよすよ。

（先生疲労の態、常に似ず、苦しげなりし故、余も亦《また》早く辞し帰らんとして）

――それでは、先生御用心なさいまし。

お帰りですか、甚《はなは》だ失敬しました。房や、房や。

（客の帰るを侍女に知らす、常の例なり。一人対座の時は、言語鄭重《ていちょう》おほむねこの風なれども、この日は特に重々しげに感ぜし節もありしが、この日こそ則《すなわ》ち最終の会見にてありき。のち五日、即《すなわ》ち一月十九日夜長逝《ちょうせい》せらる）

注

巌本の『海舟座談』では、この最終訪問の記を冒頭に持って来て、以下完全に逆順にしている。近いものほど筆記に慣れて、声調をよく伝えているという理由による。本日分談話中に巌本の注記が格別に多いのも、訪客に接する海舟の挙措《きょそ》動作《どうさ》を最初のところで読者にしらせておこうとの意図に発しているのである。

戸川は既出の戸川残花＝安宅で、このとき雑誌『旧幕府』を発行している。

同志社第三代社長横井時雄は、前年の十二月に辞職、社員総辞職。海舟は最後まで同志社はもうだめだとの意見を固持し続けている。

「奥の方」とは、徳川家の奥向きという意味であろうか。滝村に写しを依頼した奏文は、いわゆる「最後の建言」で、日付は三十二年一月だから、巌本の注記の「前月」には問題があろう。陳政は前日に名前の出ていた楢原陳政。康有為の来談も、前回談話および注参照。

解題

松浦　玲

一

われわれ勝海舟全集刊行会が、『海舟語録』と名付けたこの談話集は、巌本善治が海舟から直接聞きとった話である。巌本一人の手になる系統的な記録だという点で、姉妹篇の『氷川清話』とは違う、独特の魅力が備わっている。

巌本善治は、明治の教育者で、またジャーナリストでもある。彼は、明治二十年に海舟の面識を得、それから何度も会って話を聞いているうちに、或る日、その内容の重大さに気付いて愕然とした。そこで、片言隻語も残さず書きとめる作業を開始したのだという。

巌本の聞きとりが、ことに熱を帯びたのは、海舟の最晩年である。明治二十九年九月から、死去直前の三十二年一月十四日（最終訪問）までの二年半の間に、少なく見積もっても三十三回、氷川の屋敷へ足を運んでいるのだ。このころになると、海舟も心を許したとみえて、知己を相手に裏も表もさらけだしてしゃべるという感じが強くなっており、巌本もまた、それを忠実に写し取ろうと、努力を重ねている。その結果、この『語録』は、海舟が後世に残した歴史的証言として、非常に価値の高いものとなった。

巖本は、自分が聞きだした海舟の話を、はじめ、主として『女学雑誌』に、分割掲載した。次いで、海舟死没直後の明治三十二年三月、女学雑誌社から、単行本一冊の『海舟餘波』とする。ただしこれは、雑誌分載のものを機械的にまとめたのではなくて、談話の日付別と、内容別分類とを併用した、ちょっと風変りな編集になっている。

最後に巖本は、海舟没後三十年を経た昭和五年、全談話を日付別に整理して、岩波文庫の『海舟座談』とした。どういう経過で文庫に入ることになったのか判然としないけれども、しかし、そのときに巖本自身の手で大幅に手が加えられたことは、まず間違いないと思われる。

こうして巖本は、自分の筆記録を、三つの異なる体裁で発表した。読みくらべてみると、それぞれに一長一短がある。

まず、構成がしっかりしているのは、岩波文庫の『海舟座談』である。談話のすべてが、海舟がそれをしゃべった日付別になっている上に、談話の収録分量も、これがいちばん多い。また、海舟の言葉の調子や談話時の雰囲気を再現しようとする努力が、最も顕著に認められる。

しかし、内容を子細に検討してみると、疑問点も、また多い。特に気になるのは、量的に増えているにもかかわらず、『海舟餘波』や『女学雑誌』に載っていて、『海舟座談』では落ちている話がずいぶん有り、それが殆んどみな、天皇制や軍部に批判的な言葉だということである。昭和五年の巌本が、意図的に削除したのだとしか考えられない。たまたま残っていても、〃たとえ天皇の意見でも断固反対しなければ〃という趣旨だった筈のところが、〃天皇の御意見であればひたすら従いたてまつるのみ〃と、正反対に書き変えられてしまっている。これには、海舟晩年と昭和初年との政治情勢の差に加えて、巌本善治の思想の変転という問題がからんでくるけれども、ともかく、時局に差し障りがある発言は、『女学雑誌』掲載分に最も多く、『海舟餘波』で幾分削られ、『海舟座談』では、殆んど原形をとどめないところまで大鉈をふるわれてしまっているのだ。

この一事だけで判断したわけではなく、他にもいろいろと材料があるのだが、総合的にみて、体裁は新しいものほどすっきりしており、読みやすさの点でもすぐれているけれども、内容的には、古く発表されたものの方が海舟の真意に近い。さきほど一長一短と言ったのは、そういう傾向性を指してのことである。

そこで、われわれ勝海舟全集刊行会は、さきに、講談社版全集の第二十巻として『海舟語録』を編むに際し、上述の巌本の三つの仕事から、長所ばかりを集め、短所を捨てるという作業を行なった。『女学雑誌』掲載分と、『海舟餘波』と『海舟座談』の三者を綿密に読みくらべ、海舟のある特定の談話が三つの刊行物中で違った表現になっていると判断できるところは、どれが最も海舟の真意に近いか、また、海舟の話しぶりを活写しているのはどれかを、慎重に判定したのである。そうやっておいて、信頼に価するものだけで全談話を再構成した。どの話題も落さず、また、再構成のためのつなぎの言葉など一語も加えず、巌本が残してくれているものを完全に活用し切ることによって海舟談話の原型を復元しようと試みたところに、われわれの苦心はあった。巌本が海舟の話を書きとった第一次的なメモないし原稿が存在していない今日では、われわれの講談社版全集の談話本文が、海舟のしゃべったことに最も近いのである。

だから、この講談社文庫の『海舟語録』でも、談話本文は、全集本をそのまま使った（この点は、『氷川清話』の場合と違うので注意していただきたい。『氷川清話』では、全集──文庫の過程で談話本文に更に手を加えている。これは、海舟からの直接の聞き書きではないという吉本襄の『氷川清話』の厄介な性格に由来するわけで、詳しくは、文庫本『氷川清話』の解題参照）。

しかし、本文以外の部分、すなわち構成や注記は、文庫にふさわしいようにと、工夫をこらし、改善を計っている。以下しばらく、全集本と違っているところに力点を置きながら、この文庫本『海舟語録』の特色を説明しておきたい。

（一）全談話を日付別、日付順に配列したのは、全集本のとおりである。ただし、全集本では、明治三十年九月・日不詳分が、九月のトップに来ていたのを、内容に従って十日と三十日の中間に入れた。

（二）全集本では、各日付分がそのまま談話の最小単位で、目次にも日付が並んでいるだけだったのだが、この文庫本では、各日付分談話を更に分割し、内容に即して見出しをつけた。海舟の話が断片的かつ雑多で、見出しが立ちにくいところにも、やや強引に見出しをつけている。また、同じ話題が別の日に繰り返し語られる場合、見出しが重ならないように、しかし同一話題であることはわかるようにと、気をつけておいた。

（三）各日付の直後に、そのときの政局の動きや、その日の話題の背景となっている事件などについて注記を入れているのは、全集本のとおりである。これに対し、談話内容に即しての注記は、全集本では各日付の末尾に一括してあったのを、この文庫本では、新しく立てた各見出し分の話の直後に分けて入れた。注が少しでも本文に近いようにと配慮したのである。しかし、注を本文中に割込ませることは、折角の談話の流れを阻害するので、やらなかった。

（四）全集本では、『女学雑誌』『海舟餘波』『海舟座談』の三者に内容上の喰い違いがある場合、どれを捨てどれを採ったかを、こまかく注記したが、この文庫本では、おおむねそれを省いた。考証は全集本段階で済ませた、という考え方による。だから、談話本文に不審を覚えた読者、またより研究的な読み方をされたい読者は、全集本の該当個所の注を見ていただきたい。見出しを立てたりして構成が幾分変っているけれども、対照が困難なほどの変化はない。

(五) 考証的な注を省いた代りに、談話中の事実や人物に対する説明注は、一段と懇切丁寧にしておいた。左の各項は、全集本ですでにそのようであった説明注の特色が、文庫本ではより一層発揮されているという意味である。

(イ) 談中の歴史的事件や事実については、よく知られているものは簡略に、有名でないものほど詳しく、特に談話内容との関連を重視しながら説明をつけた。海舟と巌本との間では了解しあっていても第三者には何のことだかわからないといった問題の解明には、とりわけ力を入れている。また、海舟に記憶違いがあるときには、大きな問題、読者を混乱させる危険性がある問題については、すべて注記で指摘し、誤りをただしておいた。

(ロ) 談中の人物についても、周知の人物は簡単に、有名ではないが海舟との関係では重要だという人物は詳しく、という原則を貫ぬいた。また、その話題のときに何をしていたのか、ということの説明を重視した。したがって、同じ人物について何度も、そのつど違う側面を注記した例も多い。また一度注記しただけでは忘れられてしまいそうな人物については、重出するときに、印象の薄れかたの度合に応じて注意を喚起しておいた。

(ハ) 特定の事件や人物の注ではなくて、話題の全体についての解説や、また、そもそもいま何が話題になっているのかを前後の事情から推理するような注記も少なくない。海舟の皮肉な言いまわしや含みのある発言の背景に照明を当てたものもある。こういう場合には、校注者の私的な見解という性格が強くなり、他の解釈が成立する余地が残されている。利用にあたっては、十分に気をつけていただきたい。

全集本と違うところを先に出したために、順序がおかしくなったが、談話本文の表記（漢字、かなづかいや句読点など）についても、一言しておかねばなるまい。

漢字は、原則として通行の字体に変えた。ただし、人名など一部の漢字で、旧字体の方がわかりやすいものや、旧字体がある種の雰囲気をつくっているものは、そのまま残した。かなづかいは、できるだけ歴史的かなづかいにそろえた。ただ、巌本が特にカタカナで書いているところには、何か海舟のくちぶりを強く感じさせるものがあるので、巌本の書いているとおりの変則的なかなづかいのままにした。

ルビは、ひらがな、新かなづかいとした。カタカナのルビは、巌本が特にそのようにふっていたもので、それが漢字の通常の読みかたと違っている場合にはルビの方が海舟の肉声、漢字は宛字という可能性がある。

句読点は、おおむね巌本にしたがい、ひどく不自然なところだけ、打ちかえた。巌本に従ったのは、彼が海舟の息の切り方にまで注意を払っていることに敬意を表してのことである。

この表記についても、巌本の上記三種の刊行物の間に差異があるため、全集本段階で談話本文を確定するためには、ずいぶん慎重を期しているのだが、そこまでつっこんで知りたいかたは、全集本の巻末解題を見ていただきたい。なお、巖本の誤記や、また誤植の疑いのあるものについて、全集本では注記で指摘するにとどめたところも多いが、この文庫本ではおおむね本文を訂正した。

二

海舟が、巖本善治を相手に、この談話をしゃべっている間に、内閣は四度交替した。つまりこの談話は、五内閣にまたがっている。第二次伊藤博文、第二次松方正義、第三次伊藤、第一次大隈重信（いわゆる隈板内閣）、そうして、第二次山県有朋内閣である。

このうち、最初の第二次伊藤内閣に属する時期の談話は、冒頭の、明治二十八年七月・日不詳、この一点だけである。おまけにこれは、『海舟語録』の中では、他とかけ離れた特異な性格を持っている。この原稿あるいはメモは、二十九年二月の火事で焼失したのだが、その前に雑誌『日本宗教』に発表していたので、この分だけ内容が助かったのだという。

明治二十五年から二十九年にかけての第二次伊藤内閣の時期に、巖本が何度ぐらい海舟を訪れ、どのような意見を聞きだしたのか、いまとなってはもうわからない。われわれに残されているのは、三国干渉から二ヵ月後の日付をもつ、この一点の談話だけなのだ。これは、巖本の記録した海舟の「語録」の中では、孤立した談話である。

海舟の口調が、この談話だけ、他と違っていることも、注意しておく必要があるかもしれない。これは、巌本がまだ、海舟のくちぶりをどう表現するかについて、迷いを持っていたことを示している。海舟の一人称が「私」であるのはこの回だけだし、「……です」「……ましたよ」という調子も、この回かぎりで消える。

巌本の筆記が軌道に乗るのは、その次の、明治二十九年九月十七日からである。前回との間隔は一年余。記録焼失でやむをえないとはいえ、火事類焼からでも、半年余を経ている。巌本は、ようやく痛手から立ちなおって、この日を機に、改めて海舟談話の筆記をとりなおそうと決意したのであろうか。彼は、これから海舟死去の直前まで、平均一ヵ月に一回強の割合で姿を現わし、精力的な聞きとり作業を続けるのである。

さて、巌本が久しぶりに海舟を訪れた二十九年九月は、海舟の嫌いな第二次伊藤内閣が崩壊した直後である。代って、第二次松方内閣ができかかっており、海舟は、この薩摩系内閣の成立を助けるために、陰で奔走していた。

だいたい海舟は、伊藤と松方に限らず、長州が嫌いで、薩摩が好きである。これには、幕末維新期からの因縁がからんでいる。

まず海舟は、長州藩主とは一向につきあいがないけれども、嘉永・安政期の薩摩の英主島津斉彬とは、親交があった。安政五年には、海軍伝習中の長崎から練習船で薩摩を訪れ、胸襟をひらいて語りあっている。またそのとき、異母弟で斉彬の死後藩の実力者となる島津久光に紹介され、また、家来では西郷吉之助という男が見所があるとも聞かされた。

その西郷と直接顔を会わせるのは、それから五年後、元治元年の九月、第一次長州征伐で、幕府・諸藩連合軍がこれから長州へ攻めこもうというときだった。薩摩の在京政治代表として長州を亡ぼすことにいちばん熱心だった西郷は、幕府の出兵準備が手ぬるいと、軍艦奉行勝海舟の尻を叩きにくる。海舟はしかし、幕府にはもう日本の運命を担う力は無いのだから、これからは薩摩など雄藩が協力しあっていかねば駄目だと教えて、西郷と薩摩藩に、雄藩連合から倒幕へと踏み切っていくきっかけを与える。このあと、神戸の海軍操練所がつぶされたとき、愛弟子の坂本龍馬を託したのも、薩摩の西郷のところだった。長州の政治代表桂小五郎とは、西郷よりも早く何度も会っているのだが、そのような信頼関係は、できあがっていない。

明治元年、江戸開城のときの西郷とのやりとりは、改めて説く必要もないほどよく知られている。あのとき海舟は、相手が西郷だということを、最大限に活用した。そうして西郷が、海舟のペースに巻きこまれて対徳川融和策にのめりこんでいたとき、新しく京都から乗り込んできて強硬策に転換させたのが、長州の木戸孝允（桂小五郎）と大村益次郎だった。大村は彰義隊をあっさりと攻めつぶし、木戸は、その圧力を借りて徳川宗家を駿府七十万石に押し込めた。海舟は煮え湯を飲まされている。ここらあたりで、海舟の、薩摩と長州に対する好悪の区別は、抜きがたくしみついてしまったようだ。

それでも、海舟の木戸孝允に対する評価は、西郷や大久保利通に対するほどではないにしても、まだ高い。薩摩の西郷・大久保に加えて、長州の木戸がいれば、明治の新政府もなんとかやっていけるだろうとの思いが海舟にはあり、その期待感の線上で、版籍奉還にも廃藩置県にも、海舟は手を貸し、また海軍大輔として新政府に加わった。征韓論争で政府が大分裂を起したときには、一時的ながら、参議兼海軍卿をもつとめたのである。頼まれれば、西郷や大久保と島津久光の間の調停までしてやった。

明治の海舟の不幸は、その西郷・大久保・木戸が、彼よりも早く、明治十年前後にあいついで死んでしまったことにある。西郷は賊軍の将として鹿児島で敗死し、木戸は病死だが、大久保は十一年に東京で刺された。

三人とも、海舟より若い。西郷が四歳下、大久保が七つ下、木戸はちょうど十歳下である。死んだとき、大久保と木戸はまだ四十代だった。海舟は、自分にすぐ続く世代で、自分からじかに政権を受け取った中心的政治家たちを、失ってしまったのである。

三巨頭が一時に消えた薩長新政府内部で、実権を握ったのは、結局のところ長州の伊藤博文だった。木戸より更に八歳も若く、維新のときにはまだ海舟と接触するほどの大物ではなかったのだが、三大政治家無きあとの廟堂ではいちばんの切れものだとの評価を確立し、明治十八年には、内閣制度の発足と共に、最初の内閣総理大臣に就任する。

海舟はこの伊藤と、明治十六・七年に、ちょっとしたトラブルを起している。西郷隆盛の七年忌で、薩摩の旧西郷系の人たちが心配して、なんとか名誉回復をというので、海舟が引きうけ、山岡鉄太郎——有栖川宮——明治天皇の線をたどり、天皇が西郷の遺児の洋行費を出すというかたちで、解決をつけてしまう。伊藤は、だしぬかれた。そうして薩摩と天皇との間に入ってそういう芸当のできる海舟という人物に驚き、用心するようになったのだと海舟は語っている（明治三十年三月十六日付および三十一年二月十六日付談話）。

こうして（こればかりが原因だというわけではないが）海舟と明治政府の関係は、少なからずギクシャクしたものとなった。正面衝突したのではないけれども、伊藤は海舟を警戒し、海舟は伊藤にいつも不満を感じている。海舟に言わせれば、伊藤は、才子だけれども、小細工が多すぎて、政治の本質をつかめていないのである。

その海舟の伊藤に対する不満が爆発するのは、第二次伊藤内閣、明治二十七、八年の日清戦争に際してである。このとき海舟が、伊藤の悪口を言いどおしだったことは、われわれの『氷川清話』（つまり講談社版勝海舟全集および講談社文庫の『氷川清話』）が明らかにした。伊藤や、伊藤の子分の陸奥宗光外相は、日本が文明国側を代表して、野蛮な〝支那〟をやっつけたつもりでいるらしいが、とんでもない話で、兄弟げんかの結果、ヨーロッパがアジアを痛めつけることに手を貸してしまったではないか。しかも講和条約では、日本国内の対清強硬論に気を使って領土要求をし、つまるところ李鴻章にうまく角力をとられてしまった。海舟は、おれがあれほど忠告しておいたのに、と嘆息する。そうしてまた、やはり伊藤や陸奥では無理だったのだ、「これらに向つて難きを責むるは罪だ。大層苦労をさせた後だから温泉にでもやつてしつかり休息さすがよい」（講談社学術文庫版『氷川清話』「四」のは「日清戦争論と中国観」）と、手厳しいことを言う。「伊藤さんや陸奥などが生意気な事を喋舌《シャベク》るのが片腹痛《かたはらいた》くて堪《たま》らないのよ」（同上）とも怒る。

その第二次伊藤内閣が、日清戦争後の政局乗切りに失敗して、二十九年の八月に倒れた。この直後から巌本善治の筆録が軌道に乗り始めるのは先に述べたとおりだが、それでみると、海舟はここで、かねてひいきの薩摩派によって明治政府の立てなおしを計ろうとしたようだ。松方正義と高島鞆之助と西郷従道と、それに樺山資紀等々と、「三人寄つたら、西郷の半分位の事は出来るだらう」（二十九年十月十七日付談話）と期待するのである。

松方らに、海舟が期待したほどの実力があったか、はなはだ疑問である。海舟は、新内閣の政綱が、「ほんたうに、ボンヤリと、よく出来た」（同上）と讃めているが、世間の評判はそれほどでもない。だいいち、海舟の話を聞いている当の巌本善治が、陰では、貴族院の近衛篤麿に対して、第二次松方内閣に入閣しないようにと忠告しているのである。

しかし海舟は、悪いことはみな前内閣のせいだと強弁する。伊藤がしちらしたあとだからとか、「今のかれこれ言ふのは、伊藤の時の結果の残りだから」（三十年七月十五日付談話）という調子である。いささか不公平だとの感じが、なくもない。

例の足尾鉱毒事件でもそうだ。三十年三月の被害地農民大挙上京を政府が弾圧したことについて海舟は、完全に農民側に立った「直ちに停止の外ない」（三月二十七日付談話）という発言をするのだが、矛先は、古河に操業を続けさせ農民を弾圧している現政府ではなくて、前政府に向う。「前政府の非を改むるは、現政府の役目だ」。むろん前政府は伊藤である。「伊藤さんや、陸奥さんは、文明の骨頂だといふぢやないか。文明といふのは、よく理を考へて、民の害とならぬ事をするのではないか。それだから、文明流になさいと言ふのだ」（同上）。

海舟からみれば、明治の文明開化のいかがわしさを、すべて伊藤が代表しているのである。それに対して松方は、いかがわしくない方の代表なのであろう。〝伊藤さんの文明〟に対して「旧幕は、野蛮だと言ふなら、それで宜しい」とひらきなおってみせる、その旧幕の野蛮と同質のものを、薩摩の松方には感じているのだ。

しかし、海舟がそれほどまで肩入れした松方内閣も、明治三十年末には、完全に行詰まった。外務大臣の大隈が閣外に去って、進歩党との提携が断たれ、次いで第十一通常議会に内閣不信任案が出る。松方は、議会の解散を命じておきながら、同じ日に自分も辞表を提出して、世間をあっと驚かせた。

海舟は、年が明けた三十一年の一月二十九日に、こう語る。

　ナアニ、早くよした方が好いのさ。去年の暮れ、ワシは、さうすゝめたのサ。『早くおよしなさい』ツテ。ダツテ、お前、あの人々がやり抜ける人々ジヤア無いぢやあないか。ウカ〳〵すると、どうにもかうにもならないやうになつてしまふのだから、『早くおよし、およし』と言つたのサ。どうせ誰が出てもみな同じことさ。

さすがに、もう松方では無理だと覚って、退陣をすすめたのである。われわれの改訂した『氷川清話』では、同じ時期に、「薩摩人は仕事が出来ないヨ」とも語っている。組閣のいきさつからすれば、いささか無責任のようだが、成立に手を貸したからこそ、引け際の面倒もみてやったのかもしれない。

代って内閣をつくったのは、またまた伊藤（第三次）である。海舟はウンザリしている。「よせばよいのに何遍出たからとて同じ事だよ」とは、やはりわれわれが増補した『氷川清話』に出る発言だが、この『海舟語録』の方では、三十一年二月十六日の談話が興味深い。巌本が、「伊藤サンを御信じになつてるといふのは、本当でせうかナ」と尋ねるのである。むろん、明治天皇のことだ。

海舟の答えがふるっている。「ドウダカナ。まさか、あれなら頼母《たのも》しいと思うても居らつしやるまい。馬鹿な方でないのだから」。

つい、内閣交替の方にばかり目が向いてしまったが、『海舟語録』の面白さは、そういう政局と海舟の直接的関係にばかりあるのではない。そういう政局の動きに触発されながら語って聞かせる昔話が、奔放自在で、実に愉快である。長崎海軍伝習所のこと、幕末の外債のこと、旧幕臣が静岡に茶園を拓く話、また、第二次征長戦の失敗で宮島へ講和談判に行かされる件、鳥羽・伏見の戦争から江戸開城へかけての局面転回の機微、等々と、海舟が息を吹きこむと、幕末維新期の史実が、どれもみな生気をとりもどして躍動しはじめるのである。明治に入っても、新島襄や同志社のことなど、ちょっと思いがけない関係だし、また海舟からみても過去のことである徳川初・中期、あるいはそれ以前の武家政権についての評価も、なかなかうがっている。

海舟の邸で同席した人の名前を、巌本が書きとめておいてくれるのも、嬉しい。相手によって海舟のしゃべりかたが少しずつ違うのも、巌本の芸のこまかいところである。多彩な来客の中には、中国人もいる。三十一年六月三十日には、陳白が来ている。

陳白は、かの孫文の同志である。日清戦争の直後に華南で革命の兵を起したのだが、敗れて、共に日本へ亡命した。孫文よりも陳白の方が、やや〝右寄り〟のつきあいが広かったようだが、それでも、れっきとした革命派が海舟のところへ来ているのは、面白い。

もっとも、海舟の周辺には、宇佐穏来彦のような大陸放浪者がいた。宇佐は、三十年四月二十二日付談話のところに注記しておいたように、海舟の紹介状を貰って中国大陸に渡り、むこうで革命派とつきあいができる。陳白が海舟のところへ来るのも、おそらくその因縁があってのことだろう。

ただし、三十一年六月に陳白が海舟を訪れたときには、宇佐はまだ帰って来ていない。宇佐が帰るのは、中国でこの年（一八九八年）の九月に戊戌政変が起った後である。そうして宇佐は、こんどは、政変で敗れた康有為や梁啓超の亡命を手伝った。この二人を海舟のところへ連れてきたのも、宇佐である。

中国で戊戌政変が起ったときには、日本は、第三次伊藤内閣がつぶれて、憲政党の隈板内閣になっていた。大隈重信が首相兼外相である。清国駐在特命全権公使が、改進党——進歩党と、大隈と同じ政治コースを歩いて、民権派政治小説作家としても知られている矢野龍渓だった。このラインは康有為の亡命を歓迎するのだが、当然、清国との摩擦は避けられない。そこで、第二次山県内閣、青木周蔵外相の時代になると、たちまち康有為らに冷たくなった。海舟は心配してやっており、「康の事をよく青木に話したが、困つてるよ」（三十二年一月二日付談話）と巌本に語る。海舟は「何でもア、いふものは、有る方がいゝ。反つて進歩の為になると言つてやるのだが、どうもわからないよ」（同上）という考え方なのだ。

陳白や康有為にひっぱられて、先廻りして書いてしまったように、明治三十一年の日本では、内閣が二度つぶれた。六月に第三次伊藤内閣が倒れ、続いての隈板憲政党内閣は、わずか四ヵ月で十月に崩壊した。そうして、十一月六日、氷川の海舟邸に巌本が来ているとき、次の首相は山県に決まったとの号外が町を流れる。巌本が「山県さんは、お気の毒ですな」と言うと、海舟は「仕方がないやネ。……明治政府の末路は、あの連中がよつて、出来ぬまでも片付けなければならぬ。仲間喧嘩だもの」と、一向に同情しない。

しかし海舟は、やはり陰で動いていたのである。十一月三十日の談話では、十一月一日の枢密院の会議で、黒田清隆議長らを相手に手強く論じたのだと語り、「それが土台になつて、アーなつたのだ」つまり長州の山県に、薩摩の松方、西郷従道、樺山資紀らが協力する内閣ができたのだとほのめかす。一日にこういうことをやっておきながら、六日の号外のときには、「仲間喧嘩だもの」とすっとぼけ、三十日になって、ちょっとだけ種明しをする。それが、海舟のクセである。巌本も、よくそれを心得ていて、種明しを聞くまでは通いつめるわけだ。

それにしても、この海舟にとっての最後の政変は、最晩年の彼の頭脳を強く刺激したようだ。十一月十日には、「どうして〳〵、こンな騒ぎぢやアありやしないよ」というしゃべりだしで、第二次征長戦に薩摩が出兵拒否したときの騒ぎについて長広舌を振い、将軍家茂の死去から一転して、幕府瓦解のときの天璋院と和宮のことにまで及ぶ。天璋院と和宮の不和は、巌本善治の本では隠してしまっていたのを、われわれの全集本で復元したところである。

女の戦争は少々横道としても、そういう幕末維新のころの話を海舟がするのは、〝幕府が倒れるときにはオレががんばったんだ。いまは藩閥政府が倒れるんだから、薩長の維新の元勲どもががんばればいいじゃあないか〟という意味をこめてのようだ。「ナーニ、己が三十年前にやつたのを、少し趣を変へて、やりさへすれば、それでいゝのだ。新陳代謝、新陳代謝で、いくのだ」（十一月三十日付談話）。

少し趣向を変えるとはどういうことか、新陳代謝とは何か。海舟は同じことを、三十二年一月二日付談話では、「自分で藩閥だと思はないのが一番だ。自然に移させてやらうと思ふのだ」「自然に変へてしまへば、それで善いのサ」等々と表現している。彼には、藩閥の末路を救う独特の構想があったようだ。

しかし、そのプランを、これ以上具体的に海舟の口から聞くことはできない。巌本は、もう一回、海舟を訪れるけれども、すでに海舟は死の床にあった。その幕切れの感じ、それはやはり、ここまで海舟のところに通いつめた巌本でなければ、表せないものである。

学術文庫版あとがき

福井に城を持つ松平家のことを、海舟は終生「越前」「越前家《け》」「越侯《えっこう》」等々と書き、かつ喋った。私も三十年前には「越前藩」と注記して怪しまなかった。それで通用した。

しかし二〇〇四年のいま「越前藩」は、ほとんど使用されない。もっぱら「福井藩」である。理由の一つは、小藩の権利伸張だろうか。

福井松平は大藩で、しかも当主が「越前守」を称することが多い。だが越前一国を領有していたわけではなかった。越前国には幕末でも、鯖江の間部《まなべ》、大野の土井、勝山の小笠原などの大名《だいみょう》家（藩）がある。松平家が「越前」を独占するのは僭称だという平等感覚が、近年急に強まった。感覚の問題だけでなく、実務的にも区分の明解さが望まれる。当主の官称で押切る習慣（海舟にはそれがある）は消えて久しい。それやこれやで私も単に「越前藩」とだけ書くことは止めにした。

講談社版勝海舟全集20『海舟語録』や、本書底本の講談社文庫版は、三十年前の仕事だから注記で「越前藩」と書いている。三十年前はそれで済んだけれども、いま見ると放置できない。気づいたところは「越前福井藩」「福井藩邸」等々と、紛れないことを主眼として改めた。

右は一例である。全体の骨格は底本（講談社文庫）のままで、解題も変更しなかった。骨格を動かさないのだから、解題も同じものでなければならない。しかし注記を読返すと、右の例のように、そのときは怪しまなかったけれども、いまはいささかどうもという箇所がある。急ぎの作業だったから見落しがあるかもしれないが、底本のままでは収りにくいと感じたところには手を加えた。新しく書いた注記もある。

骨格を変更したいという気が起らなかったわけではない。細かくいえば数えどしで七十三から七十七に巌本善治を相手に語る海舟は七十翁である。底本のもととなる勝海舟全集20『海舟語録』の仕事をかけてのことであった。これに対し、底本のもととなる勝海舟全集20『海舟語録』の仕事をしたときの私は、三十代の終りから四十代に入ったところだった。壮年である。七十翁の気分や記憶力について、壮年のときは解っていなかったなと、いま自分も七十を超えて痛切に思う。老人の談話を扱うに際して、壮年の客気で切込み過ぎている。いま新しく作業すれば、老人の気分や、特に記憶力の衰えに対し、もう少し温かみのある配慮ができるかと思う。

しかしそれも一長一短で、温かみが出る代りに、切り口が甘くなるかもしれない。生硬なところが目につき、また知識の豊富な読者には煩わしいと感じられるかもしれない初歩的な注記があって恥かしいけれども、それが逆に積極的な意味があるかと考え、講談社文庫版を底本とするという学術文庫編集部の意向に従った。

二〇〇四年秋

松浦　玲

本書は講談社文庫『海舟語録・付 海舟詩歌集抄』（一九七五年刊）を底本とし、「海舟詩歌集抄」については割愛した。

勝　海舟（かつ　かいしゅう）

1823～99。幕末・明治期の政治家。海舟は号。日本の近代海軍の創設者。1860年，咸臨丸艦長として太平洋を横断。戊辰戦争のときは旧幕府側を代表して新政府軍の西郷隆盛と交渉し，江戸を無血開城に導いた。維新後は参議兼海軍卿，完全在野の時期を経て，1887年伯爵，翌年枢密顧問官。明治政府の監視役だった。著作に『海軍歴史』などがある。

講談社学術文庫

定価はカバーに表示してあります。

海舟語録《かいしゅうごろく》

勝《かつ》　海舟《かいしゅう》／江藤《えとう》　淳《じゅん》・松浦《まつうら》　玲《れい》 編

2004年10月10日　第1刷発行
2008年7月18日　第8刷発行

発行者　野間佐和子
発行所　株式会社講談社
東京都文京区音羽2-12-21 〒112-8001
電話　編集部 (03) 5395-3512
販売部 (03) 5395-5817
業務部 (03) 5395-3615

装　幀　蟹江征治
印　刷　豊国印刷株式会社
製　本　株式会社国宝社

ISBN4-06-159677-2

「講談社学術文庫」の刊行に当たって

これは、学術をポケットに入れることをモットーとして生まれた文庫である。学術は少年の心を養い、成年の心を満たす。その学術がポケットにはいる形で、万人のものになることは、生涯教育をうたう現代の理想である。

こうした考え方は、学術を巨大な城のように見る世間の常識に反するかもしれない。また、一部の人たちからは、学術の権威をおとすものと非難されるかもしれない。しかし、それはいずれも学術の新しい在り方を解しないものといわざるをえない。

学術は、まず魔術への挑戦から始まった。やがて、いわゆる常識をつぎつぎに改めていった。学術の権威は、幾百年、幾千年にわたる、苦しい戦いの成果である。こうしてきずきあげられた城が、一見して近づきがたいものにうつるのは、そのためである。しかし、学術の権威を、その形の上だけで判断してはならない。その生成のあとをかえりみれば、その根は常に人々の生活の中にあった。学術が大きな力たりうるのはそのためであって、生活をはなれた学術は、どこにもない。

開かれた社会といわれる現代にとって、これはまったく自明である。生活と学術との間に、もし距離があるとすれば、何をおいてもこれを埋めねばならない。もしこの距離が形の上の迷信からきているとすれば、その迷信をうち破らねばならぬ。

学術文庫は、内外の迷信を打破し、学術のために新しい天地をひらく意図をもって生まれた。文庫という小さい形と、学術という壮大な城とが、完全に両立するためには、なおいくらかの時を必要とするであろう。しかし、学術をポケットにした社会が、人間の生活にとってより豊かな社会であることは、たしかである。そうした社会の実現のために、文庫の世界に新しいジャンルを加えることができれば幸いである。

一九七六年六月

野間省一

歴史・地理

魏晋南北朝
川勝義雄著（解説・氣賀澤保規）

〈華やかな暗黒時代〉に中国文明は咲き誇る。秦漢帝国の崩壊がもたらした混乱と分裂の四百年。専制君主なき群雄割拠の時代に、王羲之、陶淵明、『文選』等を生み出した中国文明の一貫性と強靱性の秘密に迫る。

1595

昭和の軍閥
高橋正衛《まさえ》著

昭和軍閥はいかにして生まれ、何をなしたか。国家・軍部の改新策や対外政策を巡る相剋を内に蔵しつつ、外には一体化して対し、日本を支配した昭和軍閥。山東出兵を起点に、破滅へと猛進したその生成と実態。

1596

江戸・東京歴史物語
長谷章久著

今なお東京に息づく江戸の名残を美しく語る。江戸城、泉岳寺、湯島天神など江戸にゆかり深い名所・旧跡を訪ね、江戸三百年の歴史と生活の余情を伝える東京案内の書。江戸市民の培い残した気風が鮮明に蘇る。

1597

イギリス紳士のユーモア
小林章夫著

卓抜なユーモアを通して味わう英国人生哲学。山高帽にこうもり傘、悠揚迫らぬ精神から大英帝国を彩るユーモアが生れた。当意即妙、グロテスクなほどブラック、自分を笑う余裕。ユーモアで読む英国流人生哲学。

1605

日中戦争見聞記　一九三九年のアジア
コリン・ロス著／金森誠也・安藤　勉訳

躍進する帝国日本が影を落とすアジアを行く。重慶爆撃の悲惨、そして華やかな江ノ島に見た軍国日本の前途。日本、朝鮮、満州、モンゴル、中国の各地で、ドイツのジャーナリストが見た太平洋戦争前夜の真実。

1608

コンスタンチノープル征服記　第四回十字軍
ジョフロワ・ド・ヴィルアルドゥワン著／伊藤敏樹訳

侵略・帝位簒奪・略奪、第四回十字軍の顛末。エルサレムへの聖戦が、一転コンスタンチノープルへ。戦況の一進一退、莫大な富の強奪、おぞましい所業。悪名高き遠征の一部始終が臨場感溢れる筆致で描かれる。

1609

鄧小平

矢吹　晋《すすむ》著

世界を牽引する巨大中国を生んだリアリスト。若き日のパリ留学。卓越した実務能力。三度の失脚を乗り越え、巨大経済建設の総帥へ。毛路線を廃し、現代中国の父となった、柔軟な思考の「小さな巨人」の全貌。

1610

ライシャワー大使日録

エドウィン・O・ライシャワー　ハル・ライシャワー／入江　昭監修

「学者大使」が本音を綴った貴重な滞日記録。沖縄返還、ケネディ暗殺、ベトナム戦争……。大使の在任期間、世界は混沌としていた。この状況下の、熱い思いと苦悩に彩られた五年余の日々を、率直な言葉で記す。

1612

戦艦ポチョムキンの反乱

リチャード・ハフ著／由良《ゆら》君美《きみよし》訳

気鋭の海軍史家がリアルに描く、艦上の革命。ロシアを席巻する革命の気運は、軍にも迫った。日露戦争下の一九〇五年、ロシア海軍最大・最強の戦艦で下級兵士による反乱が勃発。はたして事件のなりゆきは……。

1619

江戸お留守居役の日記　寛永期の萩藩邸

山本博文著

根廻しに裏工作。現代日本社会の原像を読む。萩藩の江戸お留守居役、福間彦右衛門の日記『公儀所日乗』。由井正雪事件や支藩との対立等、迫り来る危機を前に、藩の命運を賭けて奮闘する外交官の姿を描く好著。

1620

倭人と韓人　記紀からよむ古代交流史

上垣外憲一著（解説・井上秀雄）

古代日韓の人々はどんな交流をしていたのか。記紀神話を〝歴史〟として読みなおし、そこに描かれた倭と半島の交流の様子を復元する。比較文学・比較文化の手法を駆り描き出す、刺激的かつダイナミックな論考。

1623

江戸幕末滞在記　若き海軍士官の見た日本

エドゥアルド・スエンソン著／長島要一訳

若い海軍士官の好奇心から覗き見た幕末日本。慶喜との謁見の模様や舞台裏も紹介、ロッシュ公使の近辺で貴重な体験をしたデンマーク人の見聞記。旺盛な好奇心、鋭い観察眼が王政復古前の日本を生き生きと描く。

1625